HINDI
WORTSCHATZ

FÜR DAS SELBSTSTUDIUM

DEUTSCH
HINDI

Die nützlichsten Wörter
Zur Erweiterung Ihres Wortschatzes und
Verbesserung der Sprachfertigkeit

5000 Wörter

Wortschatz Deutsch-Hindi für das Selbststudium - 5000 Wörter
Von Andrey Taranov

T&P Books Vokabelbücher sind dafür vorgesehen, beim Lernen einer Fremdsprache zu helfen, Wörter zu memorieren und zu wiederholen. Das Wörterbuch ist nach Themen aufgeteilt und deckt alle wichtigen Bereiche des täglichen Lebens, Berufs, Wissenschaft, Kultur etc. ab.

Durch das Benutzen der themenbezogenen T&P Books ergeben sich folgende Vorteile für den Lernprozess:

- Sachgemäß geordnete Informationen bestimmen den späteren Erfolg auf den darauffolgenden Stufen der Memorisierung
- Die Verfügbarkeit von Wörtern, die sich aus der gleichen Wurzel ableiten lassen, erlaubt die Memorisierung von Worteinheiten (mehr als bei einzeln stehenden Wörtern)
- Kleine Worteinheiten unterstützen den Aufbauprozess von assoziativen Verbindungen für die Festigung des Wortschatzes
- Die Kenntnis der Sprache kann aufgrund der Anzahl der gelernten Wörter eingeschätzt werden

Copyright © 2018 T&P Books Publishing

Alle Rechte vorbehalten. Auszüge dieses Buches dürfen nicht ohne schriftliche Erlaubnis des Herausgebers abgedruckt oder mit anderen elektronischen oder mechanischen Mitteln, einschließlich Photokopierung, Aufzeichnung oder durch Informationsspeicherung- und Rückgewinnungssysteme, oder in irgendeiner anderen Form verwendet werden.

T&P Books Publishing
www.tpbooks.com

ISBN: 978-1-78616-575-6

Dieses Buch ist auch im E-Book Format erhältlich.
Besuchen Sie uns auch auf www.tpbooks.com oder auf einer der bedeutenden Buchhandlungen online.

WORTSCHATZ DEUTSCH-HINDI
für das Selbststudium

Die Vokabelbücher von T&P Books sind dafür vorgesehen, Ihnen beim Lernen einer Fremdsprache zu helfen, Wörter zu memorieren und zu wiederholen. Der Wortschatz enthält über 5000 häufig gebrauchte, thematisch geordnete Wörter.

- Der Wortschatz enthält die am häufigsten benutzten Wörter
- Eignet sich als Ergänzung zu jedem Sprachkurs
- Erfüllt die Bedürfnisse von Anfängern und fortgeschrittenen Lernenden von Fremdsprachen
- Praktisch für den täglichen Gebrauch, zur Wiederholung und um sich selbst zu testen
- Ermöglicht es, Ihren Wortschatz einzuschätzen

Besondere Merkmale des Wortschatzes:

- Wörter sind entsprechend ihrer Bedeutung und nicht alphabetisch organisiert
- Wörter werden in drei Spalten präsentiert, um das Wiederholen und den Selbstüberprüfungsprozess zu erleichtern
- Wortgruppen werden in kleinere Einheiten aufgespalten, um den Lernprozess zu fördern
- Der Wortschatz bietet eine praktische und einfache Lautschrift jedes Wortes der Fremdsprache

Der Wortschatz hat 155 Themen, einschließlich:

Grundbegriffe, Zahlen, Farben, Monate, Jahreszeiten, Maßeinheiten, Kleidung und Accessoires, Essen und Ernährung, Restaurant, Familienangehörige, Verwandte, Charaktereigenschaften, Empfindungen, Gefühle, Krankheiten, Großstadt, Kleinstadt, Sehenswürdigkeiten, Einkaufen, Geld, Haus, Zuhause, Büro, Import & Export, Marketing, Arbeitssuche, Sport, Ausbildung, Computer, Internet, Werkzeug, Natur, Länder, Nationalitäten und vieles mehr...

INHALT

Leitfaden für die Aussprache	9
Abkürzungen	11

GRUNDBEGRIFFE 12
Grundbegriffe. Teil 1 12

1. Pronomen 12
2. Grüße. Begrüßungen. Verabschiedungen 12
3. Jemanden ansprechen 13
4. Grundzahlen. Teil 1 13
5. Grundzahlen. Teil 2 14
6. Ordnungszahlen 15
7. Zahlen. Brüche 15
8. Zahlen. Grundrechenarten 15
9. Zahlen. Verschiedenes 15
10. Die wichtigsten Verben. Teil 1 16
11. Die wichtigsten Verben. Teil 2 17
12. Die wichtigsten Verben. Teil 3 18
13. Die wichtigsten Verben. Teil 4 19
14. Farben 19
15. Fragen 20
16. Präpositionen 21
17. Funktionswörter. Adverbien. Teil 1 21
18. Funktionswörter. Adverbien. Teil 2 23

Grundbegriffe. Teil 2 24

19. Wochentage 24
20. Stunden. Tag und Nacht 24
21. Monate. Jahreszeiten 25
22. Maßeinheiten 27
23. Behälter 27

DER MENSCH 29
Der Mensch. Körper 29

24. Kopf 29
25. Menschlicher Körper 30

Kleidung & Accessoires 31

26. Oberbekleidung. Mäntel 31
27. Men's & women's clothing 31

28. Kleidung. Unterwäsche	32
29. Kopfbekleidung	32
30. Schuhwerk	32
31. Persönliche Accessoires	33
32. Kleidung. Verschiedenes	33
33. Kosmetikartikel. Kosmetik	34
34. Armbanduhren Uhren	35

Essen. Ernährung — 36

35. Essen	36
36. Getränke	37
37. Gemüse	38
38. Obst. Nüsse	39
39. Brot. Süßigkeiten	40
40. Gerichte	40
41. Gewürze	41
42. Mahlzeiten	42
43. Gedeck	42
44. Restaurant	43

Familie, Verwandte und Freunde — 44

45. Persönliche Informationen. Formulare	44
46. Familienmitglieder. Verwandte	44

Medizin — 46

47. Krankheiten	46
48. Symptome. Behandlungen. Teil 1	47
49. Symptome. Behandlungen. Teil 2	48
50. Symptome. Behandlungen. Teil 3	49
51. Ärzte	50
52. Medizin. Medikamente. Accessoires	50

LEBENSRAUM DES MENSCHEN — 51
Stadt — 51

53. Stadt. Leben in der Stadt	51
54. Innerstädtische Einrichtungen	52
55. Schilder	53
56. Innerstädtischer Transport	54
57. Sehenswürdigkeiten	55
58. Shopping	56
59. Geld	57
60. Post. Postdienst	58

Wohnung. Haus. Zuhause — 59

61. Haus. Elektrizität	59

62. Villa. Schloss	59
63. Wohnung	59
64. Möbel. Innenausstattung	60
65. Bettwäsche	61
66. Küche	61
67. Bad	62
68. Haushaltsgeräte	63

| **AKTIVITÄTEN DES MENSCHEN** | 64 |
| **Beruf. Geschäft. Teil 1** | 64 |

69. Büro. Arbeiten im Büro	64
70. Geschäftsabläufe. Teil 1	65
71. Geschäftsabläufe. Teil 2	66
72. Fertigung. Arbeiten	67
73. Vertrag. Zustimmung	68
74. Import & Export	69
75. Finanzen	69
76. Marketing	70
77. Werbung	70
78. Bankgeschäft	71
79. Telefon. Telefongespräche	72
80. Mobiltelefon	72
81. Bürobedarf	73
82. Geschäftsarten	73

| **Arbeit. Geschäft. Teil 2** | 76 |

| 83. Show. Ausstellung | 76 |
| 84. Wissenschaft. Forschung. Wissenschaftler | 77 |

| **Berufe und Tätigkeiten** | 78 |

85. Arbeitsuche. Kündigung	78
86. Geschäftsleute	78
87. Dienstleistungsberufe	79
88. Militärdienst und Ränge	80
89. Beamte. Priester	81
90. Landwirtschaftliche Berufe	81
91. Künstler	82
92. Verschiedene Berufe	82
93. Beschäftigung. Sozialstatus	84

| **Ausbildung** | 85 |

94. Schule	85
95. Hochschule. Universität	86
96. Naturwissenschaften. Fächer	87
97. Schrift Rechtschreibung	87
98. Fremdsprachen	88

Erholung. Unterhaltung. Reisen	90
99. Ausflug. Reisen	90
100. Hotel	90

TECHNISCHES ZUBEHÖR. TRANSPORT	92
Technisches Zubehör	92
101. Computer	92
102. Internet. E-Mail	93
103. Elektrizität	94
104. Werkzeug	94

Transport	97
105. Flugzeug	97
106. Zug	98
107. Schiff	99
108. Flughafen	100

Lebensereignisse	102
109. Feiertage. Ereignis	102
110. Bestattungen. Begräbnis	103
111. Krieg. Soldaten	103
112. Krieg. Militärische Aktionen. Teil 1	104
113. Krieg. Militärische Aktionen. Teil 2	106
114. Waffen	107
115. Menschen der Antike	109
116. Mittelalter	109
117. Führungspersonen. Chef. Behörden	111
118. Gesetzesverstoß Verbrecher. Teil 1	112
119. Gesetzesbruch. Verbrecher. Teil 2	113
120. Polizei Recht. Teil 1	114
121. Polizei. Recht. Teil 2	115

NATUR	117
Die Erde. Teil 1	117
122. Weltall	117
123. Die Erde	118
124. Himmelsrichtungen	119
125. Meer. Ozean	119
126. Namen der Meere und Ozeane	120
127. Berge	121
128. Namen der Berge	122
129. Flüsse	122
130. Namen der Flüsse	123
131. Wald	123
132. natürliche Lebensgrundlagen	124

Die Erde. Teil 2 126

133. Wetter 126
134. Unwetter Naturkatastrophen 127

Fauna 128

135. Säugetiere. Raubtiere 128
136. Tiere in freier Wildbahn 128
137. Haustiere 129
138. Vögel 130
139. Fische. Meerestiere 132
140. Amphibien Reptilien 132
141. Insekten 133

Flora 134

142. Bäume 134
143. Büsche 134
144. Obst. Beeren 135
145. Blumen. Pflanzen 136
146. Getreide, Körner 137

LÄNDER. NATIONALITÄTEN 138

147. Westeuropa 138
148. Mittel- und Osteuropa 138
149. Frühere UdSSR Republiken 139
150. Asien 139
151. Nordamerika 140
152. Mittel- und Südamerika 140
153. Afrika 141
154. Australien. Ozeanien 141
155. Städte 141

LEITFADEN FÜR DIE AUSSPRACHE

Buchstabe	Hindi Beispiel	T&P phonetisches Alphabet	Deutsch Beispiel
		Vokale	
अ	अक्सर	[a]; [ɑ], [ə]	schwarz; halte
आ	आगमन	[a:]	Zahlwort
इ	इनाम	[i]	ihr, finden
ई	ईश्वर	[i], [i:]	Wieviel
उ	उठना	[ʊ]	dumm
ऊ	ऊपर	[u:]	Zufall
ऋ	ऋग्वेद	[r, rʲ]	Kristall
ए	एकता	[e:]	Wildleder
ऐ	ऐनक	[aj]	Reihe
ओ	ओला	[o:]	groß
औ	औरत	[au]	Knoblauch
अं	अंजीर	[n]	Känguru
अः	अ से अः	[h]	brauchbar
ऑ	ऑफिस	[ɒ]	provozieren
		Konsonanten	
क	कमरा	[k]	Kalender
ख	खिड़की	[kh]	Flughafen
ग	गरज	[g]	gelb
घ	घर	[gh]	aspiriertes [g]
ङ	डाकू	[n]	Känguru
च	चक्कर	[t͡ʃ]	Matsch
छ	छात्र	[t͡ʃh]	aspiriert [tsch]
ज	जाना	[d͡ʒ]	Kambodscha
झ	झलक	[d͡ʒ]	Kambodscha
ञ	विज्ञान	[ɲ]	Champagner
ट	मटर	[t]	still
ठ	ठेका	[th]	Mädchen
ड	डंडा	[d]	Detektiv
ढ	ढलान	[d]	Detektiv
ण	क्षण	[n]	Ein stimmhafter retroflexer Nasal
त	ताकत	[t]	still
थ	थकना	[th]	Mädchen
द	दरवाज़ा	[d]	Detektiv
ध	धोना	[d]	Detektiv
न	नाई	[n]	Vorhang

Buchstabe	Hindi Beispiel	T&P phonetisches Alphabet	Deutsch Beispiel
प	पिता	[p]	Polizei
फ	फल	[f]	fünf
ब	बच्चा	[b]	Brille
भ	भाई	[b]	Brille
म	माता	[m]	Mitte
य	याद	[j]	Jacke
र	रीछ	[r]	richtig
ल	लाल	[l]	Juli
व	वचन	[v]	November
श	शिक्षक	[ʃ]	Chance
ष	भाषा	[ʃ]	Chance
स	सोना	[s]	sein
ह	हज़ार	[h]	brauchbar

Zusätzliche Konsonanten

क़	क़लम	[q]	Kobra
ख़	ख़बर	[h]	brauchbar
ड़	लड़का	[r]	richtig
ढ़	पढ़ना	[r]	richtig
ग़	ग़लती	[ɣ]	Vogel (Berlinerisch)
ज़	ज़िन्दगी	[z]	sein
झ़	ट्रेझ़र	[ʒ]	Regisseur
फ़	फ़ौज	[f]	fünf

ABKÜRZUNGEN
die im Vokabular verwendet werden

Deutsch. Abkürzungen

Adj	-	Adjektiv
Adv	-	Adverb
Amtsspr.	-	Amtssprache
f	-	Femininum
f, n	-	Femininum, Neutrum
Fem.	-	Femininum
m	-	Maskulinum
m, f	-	Maskulinum, Femininum
m, n	-	Maskulinum, Neutrum
Mask.	-	Maskulinum
n	-	Neutrum
pl	-	Plural
Sg.	-	Singular
ugs.	-	umgangssprachlich
unzähl.	-	unzählbar
usw.	-	und so weiter
v mod	-	Modalverb
vi	-	intransitives Verb
vi, vt	-	intransitives, transitives Verb
vt	-	transitives Verb
zähl.	-	zählbar
z.B.	-	zum Beispiel

Hindi. Abkürzungen

f	-	Femininum
f pl	-	Femininum plural
m	-	Maskulinum
m pl	-	Maskulinum plural

GRUNDBEGRIFFE

Grundbegriffe. Teil 1

1. Pronomen

ich	मैं	main
du	तुम	tum
er, sie, es	वह	vah
wir	हम	ham
ihr	आप	āp
sie	वे	ve

2. Grüße. Begrüßungen. Verabschiedungen

Hallo! (ugs.)	नमस्कार!	namaskār!
Hallo! (Amtsspr.)	नमस्ते!	namaste!
Guten Morgen!	नमस्ते!	namaste!
Guten Tag!	नमस्ते!	namaste!
Guten Abend!	नमस्ते!	namaste!
grüßen (vi, vt)	नमस्कार कहना	namaskār kahana
Hallo! (ugs.)	नमस्कार!	namaskār!
Gruß (m)	अभिवादन (m)	abhivādan
begrüßen (vt)	अभिवादन करना	abhivādan karana
Wie geht's?	आप कैसे हैं?	āp kaise hain?
Was gibt es Neues?	क्या हाल है?	kya hāl hai?
Auf Wiedersehen!	अलविदा!	alavida!
Bis bald!	फिर मिलेंगे!	fir milenge!
Lebe wohl!	अलिवदा!	alivada!
Leben Sie wohl!	अलविदा!	alavida!
sich verabschieden	अलविदा कहना	alavida kahana
Tschüs!	अलविदा!	alavida!
Danke!	धन्यवाद!	dhanyavād!
Dankeschön!	बहुत बहुत शुक्रिया!	bahut bahut shukriya!
Bitte (Antwort)	कोई बात नहीं	koī bāt nahin
Keine Ursache.	कोई बात नहीं	koī bāt nahin
Nichts zu danken.	कोई बात नहीं	koī bāt nahin
Entschuldige!	माफ़ कीजिएगा!	māf kījiega!
Entschuldigung!	माफ़ी कीजियेगा!	māfī kījiyega!
entschuldigen (vt)	माफ़ करना	māf karana
sich entschuldigen	माफ़ी मांगना	māfī māngana
Verzeihung!	मुझे माफ़ कीजिएगा	mujhe māf kījiega

Es tut mir leid!	मुझे माफ़ कीजिएगा!	mujhe māf kījiega!
verzeihen (vi)	माफ़ करना	māf karana
bitte (Die Rechnung, ~!)	कृप्या	krpya
Nicht vergessen!	भूलना नहीं!	bhūlana nahin!
Natürlich!	ज़रूर!	zarūr!
Natürlich nicht!	बिल्कुल नहीं!	bilkul nahin!
Gut! Okay!	ठीक है!	thīk hai!
Es ist genug!	बहुत हुआ!	bahut hua!

3. Jemanden ansprechen

Herr	श्रीमान	shrīmān
Frau	श्रीमती	shrīmatī
Frau (Fräulein)	मैम	maim
Junger Mann	बेटा	beta
Junge	बेटा	beta
Mädchen	कुमारी	kumārī

4. Grundzahlen. Teil 1

null	ज़ीरो	zīro
eins	एक	ek
zwei	दो	do
drei	तीन	tīn
vier	चार	chār
fünf	पाँच	pānch
sechs	छह	chhah
sieben	सात	sāt
acht	आठ	āth
neun	नौ	nau
zehn	दस	das
elf	ग्यारह	gyārah
zwölf	बारह	bārah
dreizehn	तेरह	terah
vierzehn	चौदह	chaudah
fünfzehn	पन्द्रह	pandrah
sechzehn	सोलह	solah
siebzehn	सत्रह	satrah
achtzehn	अठारह	athārah
neunzehn	उन्नीस	unnīs
zwanzig	बीस	bīs
einundzwanzig	इक्कीस	ikkīs
zweiundzwanzig	बाईस	baīs
dreiundzwanzig	तेईस	teīs
dreißig	तीस	tīs
einunddreißig	इकत्तीस	ikattīs

zweiunddreißig	बत्तीस	battīs
dreiunddreißig	तैंतीस	taintīs
vierzig	चालीस	chālīs
einundvierzig	इक्तालीस	iktālīs
zweiundvierzig	बयालीस	bayālīs
dreiundvierzig	तैंतालीस	taintālīs
fünfzig	पचास	pachās
einundfünfzig	इक्यावन	ikyāvan
zweiundfünfzig	बावन	bāvan
dreiundfünfzig	तिरपन	tirapan
sechzig	साठ	sāth
einundsechzig	इकसठ	ikasath
zweiundsechzig	बासठ	bāsath
dreiundsechzig	तिरसठ	tirasath
siebzig	सत्तर	sattar
einundsiebzig	इकहत्तर	ikahattar
zweiundsiebzig	बहत्तर	bahattar
dreiundsiebzig	तिहत्तर	tihattar
achtzig	अस्सी	assī
einundachtzig	इक्यासी	ikyāsī
zweiundachtzig	बयासी	bayāsī
dreiundachtzig	तिरासी	tirāsī
neunzig	नब्बे	nabbe
einundneunzig	इक्यानवे	ikyānave
zweiundneunzig	बानवे	bānave
dreiundneunzig	तिरानवे	tirānave

5. Grundzahlen. Teil 2

einhundert	सौ	sau
zweihundert	दो सौ	do sau
dreihundert	तीन सौ	tīn sau
vierhundert	चार सौ	chār sau
fünfhundert	पाँच सौ	pānch sau
sechshundert	छह सौ	chhah sau
siebenhundert	सात सो	sāt so
achthundert	आठ सौ	āth sau
neunhundert	नौ सौ	nau sau
eintausend	एक हज़ार	ek hazār
zweitausend	दो हज़ार	do hazār
dreitausend	तीन हज़ार	tīn hazār
zehntausend	दस हज़ार	das hazār
hunderttausend	एक लाख	ek lākh
Million (f)	दस लाख (m)	das lākh
Milliarde (f)	अरब (m)	arab

6. Ordnungszahlen

der erste	पहला	pahala
der zweite	दूसरा	dūsara
der dritte	तीसरा	tīsara
der vierte	चौथा	chautha
der fünfte	पाँचवाँ	pānchavān
der sechste	छठा	chhatha
der siebte	सातवाँ	sātavān
der achte	आठवाँ	āthavān
der neunte	नौवाँ	nauvān
der zehnte	दसवाँ	dasavān

7. Zahlen. Brüche

Bruch (m)	अपूर्णांक (m)	apūrnānk
Hälfte (f)	आधा	ādha
Drittel (n)	एक तीहाई	ek tīhaī
Viertel (n)	एक चौथाई	ek chauthaī
Achtel (m, n)	आठवां हिस्सा	āthavān hissa
Zehntel (n)	दसवां हिस्सा	dasavān hissa
zwei Drittel	दो तिहाई	do tihaī
drei Viertel	पौना	pauna

8. Zahlen. Grundrechenarten

Subtraktion (f)	घटाव (m)	ghatāv
subtrahieren (vt)	घटाना	ghatāna
Division (f)	विभाजन (m)	vibhājan
dividieren (vt)	विभाजित करना	vibhājit karana
Addition (f)	जोड़ (m)	jor
addieren (vt)	जोड़ करना	jor karana
hinzufügen (vt)	जोड़ना	jorana
Multiplikation (f)	गुणन (m)	gunan
multiplizieren (vt)	गुणा करना	guna karana

9. Zahlen. Verschiedenes

Ziffer (f)	अंक (m)	ank
Zahl (f)	संख्या (f)	sankhya
Zahlwort (n)	संख्यावाचक (m)	sankhyāvāchak
Minus (n)	घटाव चिह्न (m)	ghatāv chihn
Plus (n)	जोड़ चिह्न (m)	jor chihn
Formel (f)	फ़ारमूला (m)	fāramūla
Berechnung (f)	गणना (f)	ganana
zählen (vt)	गिनना	ginana

berechnen (vt)	गिनती करना	ginatī karana
vergleichen (vt)	तुलना करना	tulana karana
Wie viel, -e?	कितना?	kitana?
Summe (f)	कुल (m)	kul
Ergebnis (n)	नतीजा (m)	natīja
Rest (m)	शेष (m)	shesh
einige (~ Tage)	कुछ	kuchh
wenig (Adv)	थोड़ा ...	thora ...
Übrige (n)	बाक़ी	bāqī
anderthalb	डेढ़	derh
Dutzend (n)	दर्जन (m)	darjan
entzwei (Adv)	दो भागों में	do bhāgon men
zu gleichen Teilen	बराबर	barābar
Hälfte (f)	आधा (m)	ādha
Mal (n)	बार (m)	bār

10. Die wichtigsten Verben. Teil 1

abbiegen (nach links ~)	मुड़ जाना	mur jāna
abschicken (vt)	भेजना	bhejana
ändern (vt)	बदलना	badalana
andeuten (vt)	इशारा करना	ishāra karana
Angst haben	डरना	darana
ankommen (vi)	पहुँचना	pahunchana
antworten (vi)	जवाब देना	javāb dena
arbeiten (vi)	काम करना	kām karana
auf ... zählen	भरोसा रखना	bharosa rakhana
aufbewahren (vt)	रखना	rakhana
aufschreiben (vt)	लिख लेना	likh lena
ausgehen (vi)	बाहर जाना	bāhar jāna
aussprechen (vt)	उच्चारण करना	uchchāran karana
bedauern (vt)	अफ़सोस जताना	afasos jatāna
bedeuten (vt)	अर्थ होना	arth hona
beenden (vt)	ख़त्म करना	khatm karana
befehlen (Milit.)	हुक्म देना	hukm dena
befreien (Stadt usw.)	आज़ाद करना	āzād karana
beginnen (vt)	शुरू करना	shurū karana
bemerken (vt)	देखना	dekhana
beobachten (vt)	देखना	dekhana
berühren (vt)	छूना	chhūna
besitzen (vt)	मालिक होना	mālik hona
besprechen (vt)	चर्चा करना	charcha karana
bestehen auf	आग्रह करना	āgrah karana
bestellen (im Restaurant)	ऑर्डर करना	ordar karana
bestrafen (vt)	सज़ा देना	saza dena
beten (vi)	दुआ देना	dua dena

bitten (vt)	माँगना	māngana
brechen (vt)	तोड़ना	torana
denken (vi, vt)	सोचना	sochana
drohen (vi)	धमकाना	dhamakāna
Durst haben	प्यास लगना	pyās lagana
einladen (vt)	आमंत्रित करना	āmantrit karana
einstellen (vt)	बंद करना	band karana
einwenden (vt)	एतराज़ करना	etarāz karana
empfehlen (vt)	सिफ़ारिश करना	sifārish karana
erklären (vt)	समझाना	samajhāna
erlauben (vt)	अनुमति देना	anumati dena
ermorden (vt)	मार डालना	mār dālana
erwähnen (vt)	उल्लेख करना	ullekh karana
existieren (vi)	होना	hona

11. Die wichtigsten Verben. Teil 2

fallen (vi)	गिरना	girana
fallen lassen	गिराना	girāna
fangen (vt)	पकड़ना	pakarana
finden (vt)	ढूढ़ना	dhūrhana
fliegen (vi)	उड़ना	urana
folgen (Folge mir!)	पीछे चलना	pīchhe chalana
fortsetzen (vt)	जारी रखना	jārī rakhana
fragen (vt)	पूछना	pūchhana
frühstücken (vi)	नाश्ता करना	nāshta karana
geben (vt)	देना	dena
gefallen (vi)	पसंद करना	pasand karana
gehen (zu Fuß gehen)	जाना	jāna
gehören (vi)	स्वामी होना	svāmī hona
graben (vt)	खोदना	khodana
haben (vt)	होना	hona
helfen (vi)	मदद करना	madad karana
herabsteigen (vi)	उतरना	utarana
hereinkommen (vi)	अंदर आना	andar āna
hoffen (vi)	आशा करना	āsha karana
hören (vt)	सुनना	sunana
hungrig sein	भूख लगना	bhūkh lagana
informieren (vt)	ख़बर देना	khabar dena
jagen (vi)	शिकार करना	shikār karana
kennen (vt)	जानना	jānana
klagen (vi)	शिकायत करना	shikāyat karana
können (v mod)	सकना	sakana
kontrollieren (vt)	नियंत्रित करना	niyantrit karana
kosten (vi)	दाम होना	dām hona
kränken (vt)	अपमान करना	apamān karana
lächeln (vi)	मुस्कुराना	muskurāna

lachen (vi)	हंसना	hansana
laufen (vi)	दौड़ना	daurana
leiten (Betrieb usw.)	प्रबंधन करना	prabandhan karana
lernen (vt)	पढ़ाई करना	parhaī karana
lesen (vi, vt)	पढ़ना	parhana
lieben (vt)	प्यार करना	pyār karana
machen (vt)	करना	karana
mieten (Haus usw.)	किराए पर लेना	kirae par lena
nehmen (vt)	लेना	lena
noch einmal sagen	दोहराना	doharāna
nötig sein	आवश्यक होना	āvashyak hona
öffnen (vt)	खोलना	kholana

12. Die wichtigsten Verben. Teil 3

planen (vt)	योजना बनाना	yojana banāna
prahlen (vi)	डींग मारना	dīng mārana
raten (vt)	सलाह देना	salāh dena
rechnen (vt)	गिनना	ginana
reservieren (vt)	बुक करना	buk karana
retten (vt)	बचाना	bachāna
richtig raten (vt)	अंदाज़ा लगाना	andāza lagāna
rufen (um Hilfe ~)	बुलाना	bulāna
sagen (vt)	कहना	kahana
schaffen (Etwas Neues zu ~)	बनाना	banāna
schelten (vt)	डाँटना	dāntana
schießen (vi)	गोली चलाना	golī chalāna
schmücken (vt)	सजाना	sajāna
schreiben (vi, vt)	लिखना	likhana
schreien (vi)	चिल्लाना	chillāna
schweigen (vi)	चुप रहना	chup rahana
schwimmen (vi)	तैरना	tairana
schwimmen gehen	तैरना	tairana
sehen (vi, vt)	देखना	dekhana
sein (vi)	होना	hona
sich beeilen	जल्दी करना	jaldī karana
sich entschuldigen	माफ़ी मांगना	māfī māngana
sich interessieren	रुचि लेना	ruchi lena
sich irren	गलती करना	galatī karana
sich setzen	बैठना	baithana
sich weigern	इन्कार करना	inkār karana
spielen (vi, vt)	खेलना	khelana
sprechen (vi)	बोलना	bolana
staunen (vi)	हैरान होना	hairān hona
stehlen (vt)	चुराना	churāna
stoppen (vt)	रुकना	rukana
suchen (vt)	तलाश करना	talāsh karana

13. Die wichtigsten Verben. Teil 4

täuschen (vt)	धोखा देना	dhokha dena
teilnehmen (vi)	भाग लेना	bhāg lena
übersetzen (Buch usw.)	अनुवाद करना	anuvād karana
unterschätzen (vt)	कम मूल्यांकन करना	kam mūlyānkan karana
unterschreiben (vt)	हस्ताक्षर करना	hastākshar karana
vereinigen (vt)	संयुक्त करना	sanyukt karana
vergessen (vt)	भूलना	bhūlana
vergleichen (vt)	तुलना करना	tulana karana
verkaufen (vt)	बेचना	bechana
verlangen (vt)	माँगना	māngana
versäumen (vt)	ग़ैर-हाज़िर होना	gair-hāzir hona
versprechen (vt)	वचन देना	vachan dena
verstecken (vt)	छिपाना	chhipāna
verstehen (vt)	समझना	samajhana
versuchen (vt)	कोशिश करना	koshish karana
verteidigen (vt)	रक्षा करना	raksha karana
vertrauen (vi)	यकीन करना	yakīn karana
verwechseln (vt)	गड़बड़ा जाना	garabara jāna
verzeihen (vt)	क्षमा करना	kshama karana
voraussehen (vt)	उम्मीद करना	ummīd karana
vorschlagen (vt)	प्रस्ताव रखना	prastāv rakhana
vorziehen (vt)	तरजीह देना	tarajīh dena
wählen (vt)	चुनना	chunana
warnen (vt)	चेतावनी देना	chetāvanī dena
warten (vi)	इंतज़ार करना	intazār karana
weinen (vi)	रोना	rona
wissen (vt)	मालूम होना	mālūm hona
Witz machen	मज़ाक़ करना	mazāk karana
wollen (vt)	चाहना	chāhana
zahlen (vt)	दाम चुकाना	dām chukāna
zeigen (jemandem etwas)	दिखाना	dikhāna
zu Abend essen	रात्रिभोज करना	rātribhoj karana
zu Mittag essen	दोपहर का भोजन करना	dopahar ka bhojan karana
zubereiten (vt)	खाना बनाना	khāna banāna
zustimmen (vi)	राज़ी होना	rāzī hona
zweifeln (vi)	शक करना	shak karana

14. Farben

Farbe (f)	रंग (m)	rang
Schattierung (f)	रंग (m)	rang
Farbton (m)	रंग (m)	rang
Regenbogen (m)	इन्द्रधनुष (f)	indradhanush
weiß	सफ़ेद	safed
schwarz	काला	kāla

grau	धूसर	dhūsar
grün	हरा	hara
gelb	पीला	pīla
rot	लाल	lāl
blau	नीला	nīla
hellblau	हल्का नीला	halka nīla
rosa	गुलाबी	gulābī
orange	नारंगी	nārangī
violett	बैंगनी	bainganī
braun	भूरा	bhūra
golden	सुनहरा	sunahara
silbrig	चांदी-जैसा	chāndī-jaisa
beige	हल्का भूरा	halka bhūra
cremefarben	क्रीम	krīm
türkis	फ़ीरोज़ी	fīrozī
kirschrot	चेरी जैसा लाल	cherī jaisa lāl
lila	हल्का बैंगनी	halka bainganī
himbeerrot	गहरा लाल	gahara lāl
hell	हल्का	halka
dunkel	गहरा	gahara
grell	चमकीला	chamakīla
Farb- (z.B. -stifte)	रंगीन	rangīn
Farb- (z.B. -film)	रंगीन	rangīn
schwarz-weiß	काला-सफ़ेद	kāla-safed
einfarbig	एक रंग का	ek rang ka
bunt	बहुरंगी	bahurangī

15. Fragen

Wer?	कौन?	kaun?
Was?	क्या?	kya?
Wo?	कहाँ?	kahān?
Wohin?	किधर?	kidhar?
Woher?	कहाँ से?	kahān se?
Wann?	कब?	kab?
Wozu?	क्यों?	kyon?
Warum?	क्यों?	kyon?
Wofür?	किस लिये?	kis liye?
Wie?	कैसे?	kaise?
Welcher?	कौन-सा?	kaun-sa?
Wem?	किसको?	kisako?
Über wen?	किसके बारे में?	kisake bāre men?
Wovon? (~ sprichst du?)	किसके बारे में?	kisake bāre men?
Mit wem?	किसके?	kisake?
Wie viel? Wie viele?	कितना?	kitana?
Wessen?	किसका?	kisaka?

16. Präpositionen

mit (Frau ~ Katzen)	के साथ	ke sāth
ohne (~ Dich)	के बिना	ke bina
nach (~ London)	की तरफ़	kī taraf
über (~ Geschäfte sprechen)	के बारे में	ke bāre men
vor (z.B. ~ acht Uhr)	के पहले	ke pahale
vor (z.B. ~ dem Haus)	के सामने	ke sāmane
unter (~ dem Schirm)	के नीचे	ke nīche
über (~ dem Meeresspiegel)	के ऊपर	ke ūpar
auf (~ dem Tisch)	पर	par
aus (z.B. ~ München)	से	se
aus (z.B. ~ Porzellan)	से	se
in (~ zwei Tagen)	में	men
über (~ zaun)	के ऊपर चढ़कर	ke ūpar charhakar

17. Funktionswörter. Adverbien. Teil 1

Wo?	कहाँ?	kahān?
hier	यहाँ	yahān
dort	वहां	vahān
irgendwo	कहीं	kahīn
nirgends	कहीं नहीं	kahīn nahin
an (bei)	के पास	ke pās
am Fenster	खिड़की के पास	khirakī ke pās
Wohin?	किधर?	kidhar?
hierher	इधर	idhar
dahin	उधर	udhar
von hier	यहां से	yahān se
von da	वहां से	vahān se
nah (Adv)	पास	pās
weit, fern (Adv)	दूर	dūr
in der Nähe von ...	निकट	nikat
in der Nähe	पास	pās
unweit (~ unseres Hotels)	दूर नहीं	dūr nahin
link (Adj)	बायाँ	bāyān
links (Adv)	बायीं तरफ़	bāyīn taraf
nach links	बायीं तरफ़	bāyīn taraf
recht (Adj)	दायां	dāyān
rechts (Adv)	दायीं तरफ़	dāyīn taraf
nach rechts	दायीं तरफ़	dāyīn taraf
vorne (Adv)	सामने	sāmane
Vorder-	सामने का	sāmane ka

vorwärts	आगे	āge
hinten (Adv)	पीछे	pīchhe
von hinten	पीछे से	pīchhe se
rückwärts (Adv)	पीछे	pīchhe
Mitte (f)	बीच (m)	bīch
in der Mitte	बीच में	bīch men
seitlich (Adv)	कोने में	kone men
überall (Adv)	सभी	sabhī
ringsherum (Adv)	आस-पास	ās-pās
von innen (Adv)	अंदर से	andar se
irgendwohin (Adv)	कहीं	kahīn
geradeaus (Adv)	सीधे	sīdhe
zurück (Adv)	वापस	vāpas
irgendwoher (Adv)	कहीं से भी	kahīn se bhī
von irgendwo (Adv)	कहीं से	kahīn se
erstens	पहले	pahale
zweitens	दूसरा	dūsara
drittens	तीसरा	tīsara
plötzlich (Adv)	अचानक	achānak
zuerst (Adv)	शुरू में	shurū men
zum ersten Mal	पहली बार	pahalī bār
lange vor...	बहुत समय पहले ...	bahut samay pahale ...
von Anfang an	नई शुरूआत	naī shurūāt
für immer	हमेशा के लिए	hamesha ke lie
nie (Adv)	कभी नहीं	kabhī nahin
wieder (Adv)	फिर से	fir se
jetzt (Adv)	अब	ab
oft (Adv)	अकसर	akasar
damals (Adv)	तब	tab
dringend (Adv)	तत्काल	tatkāl
gewöhnlich (Adv)	आमतौर पर	āmataur par
übrigens, ...	प्रसंगवश	prasangavash
möglicherweise (Adv)	मुमकिन	mumakin
wahrscheinlich (Adv)	संभव	sambhav
vielleicht (Adv)	शायद	shāyad
außerdem ...	इस के अलावा	is ke alāva
deshalb ...	इस लिए	is lie
trotz ...	फिर भी ...	fir bhī ...
dank ...	... की मेहरबानी से	... kī meharabānī se
was (~ ist denn?)	क्या	kya
das (~ ist alles)	कि	ki
etwas	कुछ	kuchh
irgendwas	कुछ भी	kuchh bhī
nichts	कुछ नहीं	kuchh nahin
wer (~ ist ~?)	कौन	kaun
jemand	कोई	koī

irgendwer	कोई	koī
niemand	कोई नहीं	koī nahin
nirgends	कहीं नहीं	kahīn nahin
niemandes (~ Eigentum)	किसी का नहीं	kisī ka nahin
jemandes	किसी का	kisī ka
so (derart)	कितना	kitana
auch	भी	bhī
ebenfalls	भी	bhī

18. Funktionswörter. Adverbien. Teil 2

Warum?	क्यों?	kyon?
aus irgendeinem Grund	किसी कारणवश	kisī kāranavash
weil ...	क्यों कि ...	kyon ki ...
zu irgendeinem Zweck	किसी वजह से	kisī vajah se
und	और	aur
oder	या	ya
aber	लेकिन	lekin
für (präp)	के लिए	ke lie
zu (~ viele)	ज़्यादा	zyāda
nur (~ einmal)	सिर्फ़	sirf
genau (Adv)	ठीक	thīk
etwa	करीब	karīb
ungefähr (Adv)	लगभग	lagabhag
ungefähr (Adj)	अनुमानित	anumānit
fast	करीब	karīb
Übrige (n)	बाक़ी	bāqī
jeder (~ Mann)	हर एक	har ek
beliebig (Adj)	कोई	koī
viel	बहुत	bahut
viele Menschen	बहुत लोग	bahut log
alle (wir ~)	सभी	sabhī
im Austausch gegen ...	... के बदले में	... ke badale men
dafür (Adv)	की जगह	kī jagah
mit der Hand (Hand-)	हाथ से	hāth se
schwerlich (Adv)	शायद ही	shāyad hī
wahrscheinlich (Adv)	शायद	shāyad
absichtlich (Adv)	जानबूझकर	jānabūjhakar
zufällig (Adv)	संयोगवश	sanyogavash
sehr (Adv)	बहुत	bahut
zum Beispiel	उदाहरण के लिए	udāharan ke lie
zwischen	के बीच	ke bīch
unter (Wir sind ~ Mördern)	में	men
so viele (~ Ideen)	इतना	itana
besonders (Adv)	ख़ासतौर पर	khāsataur par

Grundbegriffe. Teil 2

19. Wochentage

Montag (m)	सोमवार (m)	somavār
Dienstag (m)	मंगलवार (m)	mangalavār
Mittwoch (m)	बुधवार (m)	budhavār
Donnerstag (m)	गुरूवार (m)	gurūvār
Freitag (m)	शुक्रवार (m)	shukravār
Samstag (m)	शनिवार (m)	shanivār
Sonntag (m)	रविवार (m)	ravivār
heute	आज	āj
morgen	कल	kal
übermorgen	परसों	parason
gestern	कल	kal
vorgestern	परसों	parason
Tag (m)	दिन (m)	din
Arbeitstag (m)	कार्यदिवस (m)	kāryadivas
Feiertag (m)	सार्वजनिक छुट्टी (f)	sārvajanik chhuttī
freier Tag (m)	छुट्टी का दिन (m)	chhuttī ka din
Wochenende (n)	सप्ताहांत (m)	saptāhānt
den ganzen Tag	सारा दिन	sāra din
am nächsten Tag	अगला दिन	agala din
zwei Tage vorher	दो दिन पहले	do din pahale
am Vortag	एक दिन पहले	ek din pahale
täglich (Adj)	दैनिक	dainik
täglich (Adv)	हर दिन	har din
Woche (f)	हफ़्ता (f)	hafata
letzte Woche	पिछले हफ़्ते	pichhale hafate
nächste Woche	अगले हफ़्ते	agale hafate
wöchentlich (Adj)	साप्ताहिक	saptāhik
wöchentlich (Adv)	हर हफ़्ते	har hafate
zweimal pro Woche	हफ़्ते में दो बार	hafate men do bār
jeden Dienstag	हर मंगलवार को	har mangalavār ko

20. Stunden. Tag und Nacht

Morgen (m)	सुबह (m)	subah
morgens	सुबह में	subah men
Mittag (m)	दोपहर (m)	dopahar
nachmittags	दोपहर में	dopahar men
Abend (m)	शाम (m)	shām
abends	शाम में	shām men

Nacht (f)	रात (f)	rāt
nachts	रात में	rāt men
Mitternacht (f)	आधी रात (f)	ādhī rāt

Sekunde (f)	सेकन्ड (m)	sekand
Minute (f)	मिनट (m)	minat
Stunde (f)	घंटा (m)	ghanta
eine halbe Stunde	आधा घंटा	ādha ghanta
Viertelstunde (f)	सवा	sava
fünfzehn Minuten	पंद्रह मीनट	pandrah mīnat
Tag und Nacht	24 घंटे (m)	chaubīs ghante

Sonnenaufgang (m)	सूर्योदय (m)	sūryoday
Morgendämmerung (f)	सूर्योदय (m)	sūryoday
früher Morgen (m)	प्रातःकाल (m)	prātahkāl
Sonnenuntergang (m)	सूर्यास्त (m)	sūryāst

früh am Morgen	सुबह-सवेरे	subah-savere
heute Morgen	इस सुबह	is subah
morgen früh	कल सुबह	kal subah

heute Mittag	आज शाम	āj shām
nachmittags	दोपहर में	dopahar men
morgen Nachmittag	कल दोपहर	kal dopahar

| heute Abend | आज शाम | āj shām |
| morgen Abend | कल रात | kal rāt |

Punkt drei Uhr	ठीक तीन बजे में	thīk tīn baje men
gegen vier Uhr	लगभग चार बजे	lagabhag chār baje
um zwölf Uhr	बारह बजे तक	bārah baje tak

in zwanzig Minuten	बीस मीनट में	bīs mīnat men
in einer Stunde	एक घंटे में	ek ghante men
rechtzeitig (Adv)	ठीक समय पर	thīk samay par

Viertel vor ...	पौने ... बजे	paune ... baje
innerhalb einer Stunde	एक घंटे के अंदर	ek ghante ke andar
alle fünfzehn Minuten	हर पंद्रह मीनट	har pandrah mīnat
Tag und Nacht	दिन-रात (m pl)	din-rāt

21. Monate. Jahreszeiten

Januar (m)	जनवरी (m)	janavarī
Februar (m)	फ़रवरी (m)	faravarī
März (m)	मार्च (m)	mārch
April (m)	अप्रैल (m)	aprail
Mai (m)	माई (m)	maī
Juni (m)	जून (m)	jūn

Juli (m)	जुलाई (m)	julaī
August (m)	अगस्त (m)	agast
September (m)	सितम्बर (m)	sitambar
Oktober (m)	अक्तूबर (m)	aktūbar

November (m)	नवम्बर (m)	navambar
Dezember (m)	दिसम्बर (m)	disambar
Frühling (m)	वसन्त (m)	vasant
im Frühling	वसन्त में	vasant men
Frühlings-	वसन्त	vasant
Sommer (m)	गरमी (f)	garamī
im Sommer	गरमियों में	garamiyon men
Sommer-	गरमी	garamī
Herbst (m)	शरद (m)	sharad
im Herbst	शरद में	sharad men
Herbst-	शरद	sharad
Winter (m)	सर्दी (f)	sardī
im Winter	सर्दियों में	sardiyon men
Winter-	सर्दी	sardī
Monat (m)	महीना (m)	mahīna
in diesem Monat	इस महीने	is mahīne
nächsten Monat	अगले महीने	agale mahīne
letzten Monat	पिछले महीने	pichhale mahīne
vor einem Monat	एक महीने पहले	ek mahīne pahale
über einem Monat	एक महीने में	ek mahīne men
in zwei Monaten	दो महीने में	do mahīne men
den ganzen Monat	पूरे महीने	pūre mahīne
monatlich (Adj)	मासिक	māsik
monatlich (Adv)	हर महीने	har mahīne
jeden Monat	हर महीने	har mahīne
zweimal pro Monat	महीने में दो बार	mahine men do bār
Jahr (n)	वर्ष (m)	varsh
dieses Jahr	इस साल	is sāl
nächstes Jahr	अगले साल	agale sāl
voriges Jahr	पिछले साल	pichhale sāl
vor einem Jahr	एक साल पहले	ek sāl pahale
in einem Jahr	एक साल में	ek sāl men
in zwei Jahren	दो साल में	do sāl men
das ganze Jahr	पूरा साल	pūra sāl
jedes Jahr	हर साल	har sāl
jährlich (Adj)	वार्षिक	vārshik
jährlich (Adv)	वार्षिक	vārshik
viermal pro Jahr	साल में चार बार	sāl men chār bār
Datum (heutige ~)	तारीख़ (f)	tārīkh
Datum (Geburts-)	तारीख़ (f)	tārīkh
Kalender (m)	कैलेन्डर (m)	kailendar
ein halbes Jahr	आधे वर्ष (m)	ādhe varsh
Halbjahr (n)	छमाही	chhamāhī
Saison (f)	मौसम (m)	mausam
Jahrhundert (n)	शताब्दी (f)	shatābadī

22. Maßeinheiten

Gewicht (n)	वज़न (m)	vazan
Länge (f)	लम्बाई (f)	lambaī
Breite (f)	चौड़ाई (f)	chauraī
Höhe (f)	ऊंचाई (f)	ūnchaī
Tiefe (f)	गहराई (f)	gaharaī
Volumen (n)	घनत्व (f)	ghanatv
Fläche (f)	क्षेत्रफल (m)	kshetrafal
Gramm (n)	ग्राम (m)	grām
Milligramm (n)	मिलीग्राम (m)	milīgrām
Kilo (n)	किलोग्राम (m)	kilogrām
Tonne (f)	टन (m)	tan
Pfund (n)	पौण्ड (m)	paund
Unze (f)	औन्स (m)	auns
Meter (m)	मीटर (m)	mītar
Millimeter (m)	मिलीमीटर (m)	milīmītar
Zentimeter (m)	सेंटीमीटर (m)	sentīmītar
Kilometer (m)	किलोमीटर (m)	kilomītar
Meile (f)	मील (m)	mīl
Zoll (m)	इंच (m)	inch
Fuß (m)	फुट (m)	fut
Yard (n)	गज (m)	gaj
Quadratmeter (m)	वर्ग मीटर (m)	varg mītar
Hektar (n)	हेक्टेयर (m)	hekteyar
Liter (m)	लीटर (m)	lītar
Grad (m)	डिग्री (m)	digrī
Volt (n)	वोल्ट (m)	volt
Ampere (n)	ऐम्पेयर (m)	aimpeyar
Pferdestärke (f)	अश्व शक्ति (f)	ashv shakti
Anzahl (f)	मात्रा (f)	mātra
etwas …	कुछ …	kuchh …
Hälfte (f)	आधा (m)	ādha
Dutzend (n)	दर्जन (m)	darjan
Stück (n)	टुकड़ा (m)	tukara
Größe (f)	माप (m)	māp
Maßstab (m)	पैमाना (m)	paimāna
minimal (Adj)	न्यूनतम	nyūnatam
der kleinste	सब से छोटा	sab se chhota
mittler, mittel-	मध्य	madhy
maximal (Adj)	अधिकतम	adhikatam
der größte	सबसे बड़ा	sabase bara

23. Behälter

Glas (Einmachglas)	शीशी (f)	shīshī
Dose (z.B. Bierdose)	डिब्बा (m)	dibba

Eimer (m)	बाल्टी (f)	bāltī
Fass (n), Tonne (f)	पीपा (m)	pīpa
Waschschüssel (n)	चिलमची (f)	chilamachī
Tank (m)	कुण्ड (m)	kund
Flachmann (m)	फ्लास्क (m)	flāsk
Kanister (m)	जेरिकैन (m)	jerikain
Zisterne (f)	टंकी (f)	tankī
Kaffeebecher (m)	मग (m)	mag
Tasse (f)	प्याली (f)	pyālī
Untertasse (f)	सॉसर (m)	sosar
Wasserglas (n)	गिलास (m)	gilās
Weinglas (n)	वाइन गिलास (m)	vain gilās
Kochtopf (m)	सॉसपैन (m)	sosapain
Flasche (f)	बोतल (f)	botal
Flaschenhals (m)	गला (m)	gala
Karaffe (f)	जग (m)	jag
Tonkrug (m)	सुराही (f)	surāhī
Gefäß (n)	बरतन (m)	baratan
Tontopf (m)	घड़ा (m)	ghara
Vase (f)	फूलदान (m)	fūladān
Flakon (n)	शीशी (f)	shīshī
Fläschchen (n)	शीशी (f)	shīshī
Tube (z.B. Zahnpasta)	ट्यूब (m)	tyūb
Sack (~ Kartoffeln)	थैला (m)	thaila
Tüte (z.B. Plastiktüte)	थैली (f)	thailī
Schachtel (f) (z.B. Zigaretten~)	पैकेट (f)	paiket
Karton (z.B. Schuhkarton)	डिब्बा (m)	dibba
Kiste (z.B. Bananenkiste)	डिब्बा (m)	dibba
Korb (m)	टोकरी (f)	tokarī

DER MENSCH

Der Mensch. Körper

24. Kopf

Kopf (m)	सिर (m)	sir
Gesicht (n)	चेहरा (m)	chehara
Nase (f)	नाक (f)	nāk
Mund (m)	मुँह (m)	munh
Auge (n)	आँख (f)	ānkh
Augen (pl)	आँखें (f)	ānkhen
Pupille (f)	आँख की पुतली (f)	ānkh kī putalī
Augenbraue (f)	भौं (f)	bhaunh
Wimper (f)	बरौनी (f)	baraunī
Augenlid (n)	पलक (m)	palak
Zunge (f)	जीभ (m)	jībh
Zahn (m)	दाँत (f)	dānt
Lippen (pl)	होंठ (m)	honth
Backenknochen (pl)	गाल की हड्डी (f)	gāl kī haddī
Zahnfleisch (n)	मसूड़ा (m)	masūra
Gaumen (m)	तालु (m)	tālu
Nasenlöcher (pl)	नथने (m pl)	nathane
Kinn (n)	ठोड़ी (f)	thorī
Kiefer (m)	जबड़ा (m)	jabara
Wange (f)	गाल (m)	gāl
Stirn (f)	माथा (m)	mātha
Schläfe (f)	कनपट्टी (f)	kanapattī
Ohr (n)	कान (m)	kān
Nacken (m)	सिर का पिछला हिस्सा (m)	sir ka pichhala hissa
Hals (m)	गरदन (f)	garadan
Kehle (f)	गला (m)	gala
Haare (pl)	बाल (m pl)	bāl
Frisur (f)	हेयरस्टाइल (m)	heyarastail
Haarschnitt (m)	हेयरकट (m)	heyarakat
Perücke (f)	नकली बाल (m)	nakalī bāl
Schnurrbart (m)	मूँछें (f pl)	mūnchhen
Bart (m)	दाढ़ी (f)	dārhī
haben (einen Bart ~)	होना	hona
Zopf (m)	चोटी (f)	chotī
Backenbart (m)	गलमुच्छा (m)	galamuchchha
rothaarig	लाल बाल	lāl bāl
grau	सफ़ेद बाल	safed bāl

kahl	गंजा	ganja
Glatze (f)	गंजाई (f)	ganjaī
Pferdeschwanz (m)	पोनी-टेल (f)	ponī-tel
Pony (Ponyfrisur)	बेंग (m)	beng

25. Menschlicher Körper

Hand (f)	हाथ (m)	hāth
Arm (m)	बाँह (m)	bānh
Finger (m)	उँगली (m)	ungalī
Daumen (m)	अँगूठा (m)	angūtha
kleiner Finger (m)	छोटी उंगली (f)	chhotī ungalī
Nagel (m)	नाखून (m)	nākhūn
Faust (f)	मुट्ठी (m)	mutthī
Handfläche (f)	हथेली (f)	hathelī
Handgelenk (n)	कलाई (f)	kalaī
Unterarm (m)	प्रकोष्ठ (m)	prakoshth
Ellbogen (m)	कोहनी (f)	kohanī
Schulter (f)	कंधा (m)	kandha
Bein (n)	टाँग (f)	tāng
Fuß (m)	पैर का तलवा (m)	pair ka talava
Knie (n)	घुटना (m)	ghutana
Wade (f)	पिंडली (f)	pindalī
Hüfte (f)	जाँघ (f)	jāngh
Ferse (f)	एड़ी (f)	erī
Körper (m)	शरीर (m)	sharīr
Bauch (m)	पेट (m)	pet
Brust (f)	सीना (m)	sīna
Busen (m)	स्तन (f)	stan
Seite (f), Flanke (f)	कूल्हा (m)	kūlha
Rücken (m)	पीठ (f)	pīth
Kreuz (n)	पीठ का निचला हिस्सा (m)	pīth ka nichala hissa
Taille (f)	कमर (f)	kamar
Nabel (m)	नाभी (f)	nābhī
Gesäßbacken (pl)	नितंब (m pl)	nitamb
Hinterteil (n)	नितम्ब (m)	nitamb
Leberfleck (m)	सौंदर्य चिन्ह (f)	saundary chinh
Muttermal (n)	जन्म चिह्न (m)	janm chihn
Tätowierung (f)	टैटू (m)	taitū
Narbe (f)	घाव का निशान (m)	ghāv ka nishān

Kleidung & Accessoires

26. Oberbekleidung. Mäntel

Kleidung (f)	कपड़े (m)	kapare
Oberkleidung (f)	बाहरी पोशाक (m)	bāharī poshāk
Winterkleidung (f)	सर्दियों की पोशाक (f)	sardiyon kī poshak
Mantel (m)	ओवरकोट (m)	ovarakot
Pelzmantel (m)	फरकोट (m)	farakot
Pelzjacke (f)	फ़र की जैकेट (f)	far kī jaiket
Daunenjacke (f)	फ़ेदर कोट (m)	fedar kot
Jacke (z.B. Lederjacke)	जैकेट (f)	jaiket
Regenmantel (m)	बरसाती (f)	barasātī
wasserdicht	जलरोधक	jalarodhak

27. Men's & women's clothing

Hemd (n)	कमीज़ (f)	kamīz
Hose (f)	पैंट (m)	paint
Jeans (pl)	जीन्स (m)	jīns
Jackett (n)	कोट (m)	kot
Anzug (m)	सूट (m)	sūt
Damenkleid (n)	फ्रॉक (f)	frok
Rock (m)	स्कर्ट (f)	skart
Bluse (f)	ब्लाऊज़ (f)	blauz
Strickjacke (f)	कार्डिगन (f)	kārdigan
Jacke (Damen Kostüm)	जैकेट (f)	jaiket
T-Shirt (n)	टी-शर्ट (f)	tī-shart
Shorts (pl)	शोट्स (m pl)	shorts
Sportanzug (m)	ट्रैक सूट (m)	traik sūt
Bademantel (m)	बाथ रोब (m)	bāth rob
Schlafanzug (m)	पजामा (m)	pajāma
Sweater (m)	सूटर (m)	sūtar
Pullover (m)	पुलोवर (m)	pulovar
Weste (f)	बण्डी (m)	bandī
Frack (m)	टेल-कोट (m)	tel-kot
Smoking (m)	डिनर-जैकेट (f)	dinar-jaiket
Uniform (f)	वर्दी (f)	vardī
Arbeitskleidung (f)	वर्दी (f)	vardī
Overall (m)	ओवरऑल्स (m)	ovarols
Kittel (z.B. Arztkittel)	कोट (m)	kot

28. Kleidung. Unterwäsche

Unterwäsche (f)	अंगवस्त्र (m)	angavastr
Unterhemd (n)	बनियान (f)	baniyān
Socken (pl)	मोज़े (m pl)	moze
Nachthemd (n)	नाइट गाऊन (m)	nait gaun
Büstenhalter (m)	ब्रा (f)	bra
Kniestrümpfe (pl)	घुटनों तक के मोज़े (m)	ghutanon tak ke moze
Strumpfhose (f)	टाइट्स (m pl)	taits
Strümpfe (pl)	स्टॉकिंग (m pl)	stāking
Badeanzug (m)	स्विम सूट (m)	svim sūt

29. Kopfbekleidung

Mütze (f)	टोपी (f)	topī
Filzhut (m)	हैट (f)	hait
Baseballkappe (f)	बैसबॉल कैप (f)	baisbol kaip
Schiebermütze (f)	फ़्लैट कैप (f)	flait kaip
Baskenmütze (f)	बेरेट (m)	beret
Kapuze (f)	हूड (m)	hūd
Panamahut (m)	पनामा हैट (m)	panāma hait
Strickmütze (f)	बुनी हुई टोपी (f)	bunī huī topī
Kopftuch (n)	सिर का स्कार्फ़ (m)	sir ka skārf
Damenhut (m)	महिलाओं की टोपी (f)	mahilaon kī topī
Schutzhelm (m)	हेलमेट (f)	helamet
Feldmütze (f)	पुलिसीया टोपी (f)	pulisīya topī
Helm (z.B. Motorradhelm)	हेलमेट (f)	helamet
Melone (f)	बॉलर हैट (m)	bolar hait
Zylinder (m)	टॉप हैट (m)	top hait

30. Schuhwerk

Schuhe (pl)	पनही (f)	panahī
Stiefeletten (pl)	जूते (m pl)	jūte
Halbschuhe (pl)	जूते (m pl)	jūte
Stiefel (pl)	बूट (m pl)	būt
Hausschuhe (pl)	चप्पल (f pl)	chappal
Tennisschuhe (pl)	टेनिस के जूते (m)	tenis ke jūte
Leinenschuhe (pl)	स्नीकर्स (m)	snīkars
Sandalen (pl)	सैन्डल (f)	saindal
Schuster (m)	मोची (m)	mochī
Absatz (m)	एड़ी (f)	erī
Paar (n)	जोड़ा (m)	jora
Schnürsenkel (m)	जूते का फ़ीता (m)	jūte ka fīta

schnüren (vt)	फ़ीता बाँधना	fīta bāndhana
Schuhlöffel (m)	शू-होर्न (m)	shū-horn
Schuhcreme (f)	बूट-पालिश (m)	būt-pālish

31. Persönliche Accessoires

Handschuhe (pl)	दस्ताने (m pl)	dastāne
Fausthandschuhe (pl)	दस्ताने (m pl)	dastāne
Schal (Kaschmir-)	मफ़लर (m)	mafalar
Brille (f)	ऐनक (m pl)	ainak
Brillengestell (n)	चश्मे का फ्रेम (m)	chashme ka frem
Regenschirm (m)	छतरी (f)	chhatarī
Spazierstock (m)	छड़ी (f)	chharī
Haarbürste (f)	ब्रश (m)	brash
Fächer (m)	पंखा (m)	pankha
Krawatte (f)	टाई (f)	taī
Fliege (f)	बो टाई (f)	bo taī
Hosenträger (pl)	पतलून बाँधने का फ़ीता (m)	patalūn bāndhane ka fīta
Taschentuch (n)	रूमाल (m)	rūmāl
Kamm (m)	कंघा (m)	kangha
Haarspange (f)	बालपिन (f)	bālapin
Haarnadel (f)	हेयरक्लीप (f)	heyaraklīp
Schnalle (f)	बकसुआ (m)	bakasua
Gürtel (m)	बेल्ट (m)	belt
Umhängegurt (m)	कंधे का पट्टा (m)	kandhe ka patta
Tasche (f)	बैग (m)	baig
Handtasche (f)	पर्स (m)	pars
Rucksack (m)	बैकपैक (m)	baikapaik

32. Kleidung. Verschiedenes

Mode (f)	फ़ैशन (m)	faishan
modisch	प्रचलन में	prachalan men
Modedesigner (m)	फ़ैशन डिज़ाइनर (m)	faishan dizainar
Kragen (m)	कॉलर (m)	kolar
Tasche (f)	जेब (m)	jeb
Taschen-	जेब	jeb
Ärmel (m)	आस्तीन (f)	āstīn
Aufhänger (m)	हैंगिंग लूप (f)	hainging lūp
Hosenschlitz (m)	ज़िप (f)	zip
Reißverschluss (m)	ज़िप (f)	zip
Verschluss (m)	हुक (m)	huk
Knopf (m)	बटन (m)	batan
Knopfloch (n)	बटन का काज (m)	batan ka kāj
abgehen (Knopf usw.)	निकल जाना	nikal jāna

nähen (vi, vt)	सीना	sīna
sticken (vt)	काढ़ना	kārhana
Stickerei (f)	कढ़ाई (f)	karhaī
Nadel (f)	सूई (f)	sūī
Faden (m)	धागा (m)	dhāga
Naht (f)	सीवन (m)	sīvan
sich beschmutzen	मैला होना	maila hona
Fleck (m)	धब्बा (m)	dhabba
sich knittern	शिकन पड़ जाना	shikan par jāna
zerreißen (vt)	फट जाना	fat jāna
Motte (f)	कपड़ों के कीड़े (m)	kaparon ke kīre

33. Kosmetikartikel. Kosmetik

Zahnpasta (f)	टूथपेस्ट (m)	tūthapest
Zahnbürste (f)	टूथब्रश (m)	tūthabrash
Zähne putzen	दांत साफ़ करना	dānt sāf karana
Rasierer (m)	रेज़र (f)	rezar
Rasiercreme (f)	हजामत का क्रीम (m)	hajāmat ka krīm
sich rasieren	शेव करना	shev karana
Seife (f)	साबुन (m)	sābun
Shampoo (n)	शैम्पू (m)	shaimpū
Schere (f)	कैंची (f pl)	kainchī
Nagelfeile (f)	नाख़ून घिसनी (f)	nākhūn ghisanī
Nagelzange (f)	नाख़ून कतरनी (f)	nākhūn kataranī
Pinzette (f)	ट्वीज़र्स (f)	tvīzars
Kosmetik (f)	श्रृंगार-सामग्री (f)	shrrngār-sāmagrī
Gesichtsmaske (f)	चेहरे का लेप (m)	chehare ka lep
Maniküre (f)	मैनीक्योर (m)	mainīkyor
Maniküre machen	मैनीक्योर करवाना	mainīkyor karavāna
Pediküre (f)	पेडिक्यूर (m)	pedikyūr
Kosmetiktasche (f)	श्रृंगार थैली (f)	shrrngār thailī
Puder (m)	पाउडर (m)	paudar
Puderdose (f)	कॉम्पैक्ट पाउडर (m)	kompaikt paudar
Rouge (n)	ब्लशर (m)	blashar
Parfüm (n)	ख़ुशबू (f)	khushabū
Duftwasser (n)	टायलेट वॉटर (m)	tāyalet votar
Lotion (f)	लोशन (f)	loshan
Kölnischwasser (n)	कोलोन (m)	kolon
Lidschatten (m)	आई-शैडो (m)	āī-shaido
Kajalstift (m)	आई-पेंसिल (f)	āī-pensil
Wimperntusche (f)	मस्कारा (m)	maskāra
Lippenstift (m)	लिपस्टिक (m)	lipastik
Nagellack (m)	नेल पॉलिश (f)	nel polish
Haarlack (m)	हेयर स्प्रे (m)	heyar spre

Deodorant (n)	डिओडरेन्ट (m)	diodarent
Creme (f)	क्रीम (m)	krīm
Gesichtscreme (f)	चेहरे की क्रीम (f)	chehare kī krīm
Handcreme (f)	हाथ की क्रीम (f)	hāth kī krīm
Anti-Falten-Creme (f)	एंटी रिंकल क्रीम (f)	entī rinkal krīm
Tages-	दिन का	din ka
Nacht-	रात का	rāt ka
Tampon (m)	टैम्पन (m)	taimpan
Toilettenpapier (n)	टॉयलेट पेपर (m)	toyalet pepar
Föhn (m)	हेयर ड्रायर (m)	heyar drāyar

34. Armbanduhren Uhren

Armbanduhr (f)	घड़ी (f pl)	gharī
Zifferblatt (n)	डायल (m)	dāyal
Zeiger (m)	सुई (f)	suī
Metallarmband (n)	धातु से बनी घड़ी का पट्टा (m)	dhātu se banī gharī ka patta
Uhrenarmband (n)	घड़ी का पट्टा (m)	gharī ka patta
Batterie (f)	बैटेरी (f)	baiterī
verbraucht sein	ख़त्म हो जाना	khatm ho jāna
die Batterie wechseln	बैटेरी बदलना	baiterī badalana
vorgehen (vi)	तेज़ चलना	tez chalana
nachgehen (vi)	धीमी चलना	dhīmī chalana
Wanduhr (f)	दीवार-घड़ी (f pl)	dīvār-gharī
Sanduhr (f)	रेत-घड़ी (f pl)	ret-gharī
Sonnenuhr (f)	सूरज-घड़ी (f pl)	sūraj-gharī
Wecker (m)	अलार्म घड़ी	alārm gharī
Uhrmacher (m)	घड़ीसाज़ (m)	gharīsāz
reparieren (vt)	मरम्मत करना	marammat karana

Essen. Ernährung

35. Essen

Fleisch (n)	गोश्त (m)	gosht
Hühnerfleisch (n)	चीकन (m)	chīkan
Küken (n)	रॉक कोर्निश मुर्गी (f)	rok kornish murgī
Ente (f)	बत्तख़ (f)	battakh
Gans (f)	हंस (m)	hans
Wild (n)	शिकार के पशुपक्षी (f)	shikār ke pashupakshī
Pute (f)	टर्की (m)	tarkī
Schweinefleisch (n)	सुअर का गोश्त (m)	suar ka gosht
Kalbfleisch (n)	बछड़े का गोश्त (m)	bachhare ka gosht
Hammelfleisch (n)	भेड़ का गोश्त (m)	bher ka gosht
Rindfleisch (n)	गाय का गोश्त (m)	gāy ka gosht
Kaninchenfleisch (n)	ख़रगोश (m)	kharagosh
Wurst (f)	सॉसेज (f)	sosej
Würstchen (n)	वियना सॉसेज (m)	viyana sosej
Schinkenspeck (m)	बेकन (m)	bekan
Schinken (m)	हैम (m)	haim
Räucherschinken (m)	सुअर की जांघ (f)	suar kī jāngh
Pastete (f)	पिसा हुआ गोश्त (m)	pisa hua gosht
Leber (f)	जिगर (f)	jigar
Hackfleisch (n)	कीमा (m)	kīma
Zunge (f)	जीभ (m)	jībh
Ei (n)	अंडा (m)	anda
Eier (pl)	अंडे (m pl)	ande
Eiweiß (n)	अंडे की सफ़ेदी (m)	ande kī safedī
Eigelb (n)	अंडे की ज़र्दी (m)	ande kī zardī
Fisch (m)	मछली (f)	machhalī
Meeresfrüchte (pl)	समुद्री खाना (m)	samudrī khāna
Kaviar (m)	मछली के अंडे (m)	machhalī ke ande
Krabbe (f)	केकड़ा (m)	kekara
Garnele (f)	चिंगड़ा (m)	chingara
Auster (f)	सीप (m)	sīp
Languste (f)	लोबस्टर (m)	lobastar
Krake (m)	ऑक्टोपस (m)	oktopas
Kalmar (m)	स्कीड (m)	skīd
Störfleisch (n)	स्टर्जन (f)	starjan
Lachs (m)	सालमन (m)	sālaman
Heilbutt (m)	हैलिबट (f)	hailibat
Dorsch (m)	कॉड (f)	kod
Makrele (f)	माक्रैल (f)	mākrail

Tunfisch (m)	टूना (f)	tūna
Aal (m)	बाम मछली (f)	bām machhalī
Forelle (f)	ट्राउट मछली (f)	traut machhalī
Sardine (f)	सार्डीन (f)	sārdīn
Hecht (m)	पाइक (f)	paik
Hering (m)	हेरिंग मछली (f)	hering machhalī
Brot (n)	ब्रेड (f)	bred
Käse (m)	पनीर (m)	panīr
Zucker (m)	चीनी (f)	chīnī
Salz (n)	नमक (m)	namak
Reis (m)	चावल (m)	chāval
Teigwaren (pl)	पास्ता (m)	pāsta
Nudeln (pl)	नूडल्स (m)	nūdals
Butter (f)	मक्खन (m)	makkhan
Pflanzenöl (n)	तेल (m)	tel
Sonnenblumenöl (n)	सूरजमुखी तेल (m)	sūrajamukhī tel
Margarine (f)	नकली मक्खन (m)	nakalī makkhan
Oliven (pl)	जैतून (m)	jaitūn
Olivenöl (n)	जैतून का तेल (m)	jaitūn ka tel
Milch (f)	दूध (m)	dūdh
Kondensmilch (f)	रबड़ी (f)	rabarī
Joghurt (m)	दही (m)	dahī
saure Sahne (f)	खट्टी क्रीम (f)	khattī krīm
Sahne (f)	मलाई (f pl)	malaī
Mayonnaise (f)	मेयोनेज़ (m)	meyonez
Buttercreme (f)	क्रीम (m)	krīm
Grütze (f)	अनाज के दाने (m)	anāj ke dāne
Mehl (n)	आटा (m)	āta
Konserven (pl)	डिब्बाबन्द खाना (m)	dibbāband khāna
Maisflocken (pl)	कॉर्नफ्लेक्स (m)	kornafleks
Honig (m)	शहद (m)	shahad
Marmelade (f)	जैम (m)	jaim
Kaugummi (m, n)	चूइन्ग गम (m)	chūing gam

36. Getränke

Wasser (n)	पानी (m)	pānī
Trinkwasser (n)	पीने का पानी (f)	pīne ka pānī
Mineralwasser (n)	मिनरल वॉटर (m)	minaral votar
still	स्टिल वॉटर	stil votar
mit Kohlensäure	कार्बोनेटेड	kārboneted
mit Gas	स्पार्कलिंग	spārkaling
Eis (n)	बर्फ़ (n)	barf
mit Eis	बर्फ़ के साथ	barf ke sāth

alkoholfrei (Adj)	शराब रहित	sharāb rahit
alkoholfreies Getränk (n)	कोल्ड ड्रिंक (f)	kold drink
Erfrischungsgetränk (n)	शीतलक ड्रिंक (f)	shītalak drink
Limonade (f)	लेमोनेड (m)	lemoned
Spirituosen (pl)	शराब (m pl)	sharāb
Wein (m)	वाइन (f)	vain
Weißwein (m)	सफ़ेद वाइन (f)	safed vain
Rotwein (m)	लाल वाइन (f)	lāl vain
Likör (m)	लिकर (m)	likar
Champagner (m)	शैम्पेन (f)	shaimpen
Wermut (m)	वर्मिठ (f)	varmauth
Whisky (m)	विस्की (f)	viskī
Wodka (m)	वोडका (m)	vodaka
Gin (m)	जिन (f)	jin
Kognak (m)	कोन्याक (m)	konyāk
Rum (m)	रम (m)	ram
Kaffee (m)	कॉफ़ी (f)	kofī
schwarzer Kaffee (m)	काली कॉफ़ी (f)	kālī kofī
Milchkaffee (m)	दूध के साथ कॉफ़ी (f)	dūdh ke sāth kofī
Cappuccino (m)	कैपूचिनो (f)	kaipūchino
Pulverkaffee (m)	इन्सटेन्ट-काफ़ी (f)	insatent-kāfī
Milch (f)	दूध (m)	dūdh
Cocktail (m)	कॉकटेल (m)	kokatel
Milchcocktail (m)	मिल्कशेक (m)	milkashek
Saft (m)	रस (m)	ras
Tomatensaft (m)	टमाटर का रस (m)	tamātar ka ras
Orangensaft (m)	संतरे का रस (m)	santare ka ras
frisch gepresster Saft (m)	ताज़ा रस (m)	tāza ras
Bier (n)	बियर (m)	biyar
Helles (n)	हल्का बियर (m)	halka biyar
Dunkelbier (n)	डार्क बियर (m)	dārk biyar
Tee (m)	चाय (f)	chāy
schwarzer Tee (m)	काली चाय (f)	kālī chāy
grüner Tee (m)	हरी चाय (f)	harī chāy

37. Gemüse

Gemüse (n)	सब्ज़ियाँ (f pl)	sabziyān
grünes Gemüse (pl)	हरी सब्ज़ियाँ (f)	harī sabziyān
Tomate (f)	टमाटर (m)	tamātar
Gurke (f)	खीरा (m)	khīra
Karotte (f)	गाजर (f)	gājar
Kartoffel (f)	आलू (m)	ālū
Zwiebel (f)	प्याज़ (m)	pyāz
Knoblauch (m)	लहसुन (m)	lahasun

Kohl (m)	पत्ता गोभी (f)	patta gobhī
Blumenkohl (m)	फूल गोभी (f)	fūl gobhī
Rosenkohl (m)	ब्रसेल्स स्प्राउट्स (m)	brasels sprauts
Brokkoli (m)	ब्रोकोली (f)	brokolī
Rote Bete (f)	चुकन्दर (m)	chukandar
Aubergine (f)	बैंगन (m)	baingan
Zucchini (f)	तुरई (f)	turī
Kürbis (m)	कद्दू	kaddū
Rübe (f)	शलजम (f)	shalajam
Petersilie (f)	अजमोद (f)	ajamod
Dill (m)	सोआ (m)	soa
Kopf Salat (m)	सलाद पत्ता (m)	salād patta
Sellerie (m)	सेलरी (m)	selarī
Spargel (m)	एस्पैरेगस (m)	espairegas
Spinat (m)	पालक (m)	pālak
Erbse (f)	मटर (m)	matar
Bohnen (pl)	फली (f pl)	falī
Mais (m)	मकई (f)	makī
weiße Bohne (f)	राजमा (f)	rājama
Paprika (m)	शिमला मिर्च (m)	shimala mirch
Radieschen (n)	मूली (f)	mūlī
Artischocke (f)	हाथीचक (m)	hāthīchak

38. Obst. Nüsse

Frucht (f)	फल (m)	fal
Apfel (m)	सेब (m)	seb
Birne (f)	नाशपाती (f)	nāshapātī
Zitrone (f)	नीबू (m)	nīmbū
Apfelsine (f)	संतरा (m)	santara
Erdbeere (f)	स्ट्रॉबेरी (f)	stroberī
Mandarine (f)	नारंगी (m)	nārangī
Pflaume (f)	आलूबुखारा (m)	ālūbukhāra
Pfirsich (m)	आड़ू (m)	ārū
Aprikose (f)	खूबानी (f)	khūbānī
Himbeere (f)	रसभरी (f)	rasabharī
Ananas (f)	अनानास (m)	anānās
Banane (f)	केला (m)	kela
Wassermelone (f)	तरबूज़ (m)	tarabūz
Weintrauben (pl)	अंगूर (m)	angūr
Kirsche (f)	चेरी (f)	cherī
Melone (f)	खरबूज़ा (f)	kharabūza
Grapefruit (f)	ग्रेपफ्रूट (m)	grepafrūt
Avocado (f)	एवोकाडो (m)	evokādo
Papaya (f)	पपीता (f)	papīta
Mango (f)	आम (m)	ām
Granatapfel (m)	अनार (m)	anār

rote Johannisbeere (f)	लाल किशमिश (f)	lāl kishamish
schwarze Johannisbeere (f)	काली किशमिश (f)	kālī kishamish
Stachelbeere (f)	आमला (f)	āmala
Heidelbeere (f)	बिलबेरी (f)	bilaberī
Brombeere (f)	ब्लैकबेरी (f)	blaikaberī
Rosinen (pl)	किशमिश (m)	kishamish
Feige (f)	अंजीर (m)	anjīr
Dattel (f)	खजूर (m)	khajūr
Erdnuss (f)	मूँगफली (m)	mūngafalī
Mandel (f)	बादाम (f)	bādām
Walnuss (f)	अखरोट (m)	akharot
Haselnuss (f)	हेज़लनट (m)	hezalanat
Kokosnuss (f)	नारियल (m)	nāriyal
Pistazien (pl)	पिस्ता (m)	pista

39. Brot. Süßigkeiten

Konditorwaren (pl)	मिठाई (f pl)	mithaī
Brot (n)	ब्रेड (f)	bred
Keks (m, n)	बिस्कुट (m)	biskut
Schokolade (f)	चॉकलेट (m)	chokalet
Schokoladen-Bonbon (m, n)	चॉकलेटी	chokaletī
	टॉफ़ी (f)	tofī
Kuchen (m)	पेस्ट्री (f)	pestrī
Torte (f)	केक (m)	kek
Kuchen (Apfel-)	पाई (m)	paī
Füllung (f)	फ़िलिंग (f)	filing
Konfitüre (f)	जैम (m)	jaim
Marmelade (f)	मुरब्बा (m)	murabba
Waffeln (pl)	वेफ़र (m pl)	vefar
Eis (n)	आईस-क्रीम (f)	āīs-krīm

40. Gerichte

Gericht (n)	पकवान (m)	pakavān
Küche (f)	व्यंजन (m)	vyanjan
Rezept (n)	रैसीपी (f)	raisīpī
Portion (f)	भाग (m)	bhāg
Salat (m)	सलाद (m)	salād
Suppe (f)	सूप (m)	sūp
Brühe (f), Bouillon (f)	यख़नी (f)	yakhanī
belegtes Brot (n)	सैन्डविच (m)	saindavich
Spiegelei (n)	आमलेट (m)	āmalet
Hamburger (m)	हैमबर्गर (m)	haimabargar
Beefsteak (n)	बीफ़स्टीक (m)	bīfastīk

Beilage (f)	साइड डिश (f)	said dish
Spaghetti (pl)	स्पेघेटी (f)	speghetī
Kartoffelpüree (n)	आलू भरता (f)	ālū bharata
Pizza (f)	पीट्ज़ा (f)	pītza
Brei (m)	दलिया (f)	daliya
Omelett (n)	आमलेट (m)	āmalet
gekocht	उबला	ubala
geräuchert	धुएँ में पकाया हुआ	dhuen men pakāya hua
gebraten	भुना	bhuna
getrocknet	सूखा	sūkha
tiefgekühlt	फ्रीज़न	frozan
mariniert	अचार	achār
süß	मीठा	mītha
salzig	नमकीन	namakīn
kalt	ठंडा	thanda
heiß	गरम	garam
bitter	कड़वा	karava
lecker	स्वादिष्ट	svādisht
kochen (vt)	उबलते पानी में पकाना	ubalate pānī men pakāna
zubereiten (vt)	खाना बनाना	khāna banāna
braten (vt)	भूनना	bhūnana
aufwärmen (vt)	गरम करना	garam karana
salzen (vt)	नमक डालना	namak dālana
pfeffern (vt)	मिर्च डालना	mirch dālana
reiben (vt)	कद्दूकश करना	kaddūkash karana
Schale (f)	छिलका (f)	chhilaka
schälen (vt)	छिलका निकलना	chhilaka nikalana

41. Gewürze

Salz (n)	नमक (m)	namak
salzig (Adj)	नमकीन	namakīn
salzen (vt)	नमक डालना	namak dālana
schwarzer Pfeffer (m)	काली मिर्च (f)	kālī mirch
roter Pfeffer (m)	लाल मिर्च (m)	lāl mirch
Senf (m)	सरसों (m)	sarason
Meerrettich (m)	अरब मूली (f)	arab mūlī
Gewürz (n)	मसाला (m)	masāla
Gewürz (n)	मसाला (m)	masāla
Soße (f)	चटनी (f)	chatanī
Essig (m)	सिरका (m)	siraka
Anis (m)	सौंफ़ (f)	saumf
Basilikum (n)	तुलसी (f)	tulasī
Nelke (f)	लौंग (f)	laung
Ingwer (m)	अदरक (m)	adarak
Koriander (m)	धनिया (m)	dhaniya
Zimt (m)	दालचीनी (f)	dālachīnī

Sesam (m)	तिल (m)	til
Lorbeerblatt (n)	तेजपत्ता (m)	tejapatta
Paprika (m)	लाल शिमला मिर्च पाउडर (m)	lāl shimala mirch paudar
Kümmel (m)	ज़ीरा (m)	zīra
Safran (m)	ज़ाफ़रान (m)	zāfarān

42. Mahlzeiten

Essen (n)	खाना (m)	khāna
essen (vi, vt)	खाना खाना	khāna khāna
Frühstück (n)	नाश्ता (m)	nāshta
frühstücken (vi)	नाश्ता करना	nāshta karana
Mittagessen (n)	दोपहर का भोजन (m)	dopahar ka bhojan
zu Mittag essen	दोपहर का भोजन करना	dopahar ka bhojan karana
Abendessen (n)	रात्रिभोज (m)	rātribhoj
zu Abend essen	रात्रिभोज करना	rātribhoj karana
Appetit (m)	भूख (f)	bhūkh
Guten Appetit!	अपने भोजन का आनंद उठाएं!	apane bhojan ka ānand uthaen!
öffnen (vt)	खोलना	kholana
verschütten (vt)	गिराना	girāna
verschüttet werden	गिराना	girāna
kochen (vi)	उबालना	ubālana
kochen (Wasser ~)	उबालना	ubālana
gekocht (Adj)	उबला हुआ	ubala hua
kühlen (vt)	ठंडा करना	thanda karana
abkühlen (vi)	ठंडा करना	thanda karana
Geschmack (m)	स्वाद (m)	svād
Beigeschmack (m)	स्वाद (m)	svād
auf Diät sein	वज़न घटाना	vazan ghatāna
Diät (f)	डाइट (m)	dait
Vitamin (n)	विटामिन (m)	vitāmin
Kalorie (f)	कैलोरी (f)	kailorī
Vegetarier (m)	शाकाहारी (m)	shākāhārī
vegetarisch (Adj)	शाकाहारी	shākāhārī
Fett (n)	वसा (m pl)	vasa
Protein (n)	प्रोटीन (m pl)	protīn
Kohlenhydrat (n)	काबोहाइड्रेट (m)	kārbohaidret
Scheibchen (n)	टुकड़ा (m)	tukara
Stück (ein ~ Kuchen)	टुकड़ा (m)	tukara
Krümel (m)	टुकड़ा (m)	tukara

43. Gedeck

Löffel (m)	चम्मच (m)	chammach
Messer (n)	छुरी (f)	chhurī

Gabel (f)	काँटा (m)	kānta
Tasse (eine ~ Tee)	प्याला (m)	pyāla
Teller (m)	तश्तरी (f)	tashtarī
Untertasse (f)	सॉसर (m)	sosar
Serviette (f)	नैपकीन (m)	naipakīn
Zahnstocher (m)	टूथपिक (m)	tūthapik

44. Restaurant

Restaurant (n)	रेस्टरौं (m)	restarān
Kaffeehaus (n)	कॉफ़ी हाउस (m)	kofī haus
Bar (f)	बार (m)	bār
Teesalon (m)	चायख़ाना (m)	chāyakhāna
Kellner (m)	बैरा (m)	baira
Kellnerin (f)	बैरी (f)	bairī
Barmixer (m)	बारमैन (m)	bāramain
Speisekarte (f)	मेनू (m)	menū
Weinkarte (f)	वाइन सूची (f)	vain sūchī
einen Tisch reservieren	मेज़ बुक करना	mez buk karana
Gericht (n)	पकवान (m)	pakavān
bestellen (vt)	आर्डर देना	ārdar dena
eine Bestellung aufgeben	आर्डर देना	ārdar dena
Aperitif (m)	एपेरेतीफ़ (m)	eperetīf
Vorspeise (f)	एपेटाइज़र (m)	epetaizar
Nachtisch (m)	मीठा (m)	mītha
Rechnung (f)	बिल (m)	bil
Rechnung bezahlen	बील का भुगतान करना	bīl ka bhugatān karana
das Wechselgeld geben	खुले पैसे देना	khule paise dena
Trinkgeld (n)	टिप (f)	tip

Familie, Verwandte und Freunde

45. Persönliche Informationen. Formulare

Vorname (m)	पहला नाम (m)	pahala nām
Name (m)	उपनाम (m)	upanām
Geburtsdatum (n)	जन्म-दिवस (m)	janm-divas
Geburtsort (m)	मातृभूमि (f)	mātrbhūmi
Nationalität (f)	नागरिकता (f)	nāgarikata
Wohnort (m)	निवास स्थान (m)	nivās sthān
Land (n)	देश (m)	desh
Beruf (m)	पेशा (m)	pesha
Geschlecht (n)	लिंग (m)	ling
Größe (f)	क़द (m)	qad
Gewicht (n)	वज़न (m)	vazan

46. Familienmitglieder. Verwandte

Mutter (f)	माँ (f)	mān
Vater (m)	पिता (m)	pita
Sohn (m)	बेटा (m)	beta
Tochter (f)	बेटी (f)	betī
jüngste Tochter (f)	छोटी बेटी (f)	chhotī betī
jüngste Sohn (m)	छोटा बेटा (m)	chhota beta
ältere Tochter (f)	बड़ी बेटी (f)	barī betī
älterer Sohn (m)	बड़ा बेटा (m)	bara beta
Bruder (m)	भाई (m)	bhaī
Schwester (f)	बहन (f)	bahan
Cousin (m)	चचेरा भाई (m)	chachera bhaī
Cousine (f)	चचेरी बहन (f)	chacherī bahan
Mama (f)	अम्मा (f)	amma
Papa (m)	पापा (m)	pāpa
Eltern (pl)	माँ-बाप (m pl)	mān-bāp
Kind (n)	बच्चा (m)	bachcha
Kinder (pl)	बच्चे (m pl)	bachche
Großmutter (f)	दादी (f)	dādī
Großvater (m)	दादा (m)	dāda
Enkel (m)	पोता (m)	pota
Enkelin (f)	पोती (f)	potī
Enkelkinder (pl)	पोते (m)	pote
Onkel (m)	चाचा (m)	chācha
Tante (f)	चाची (f)	chāchī

Neffe (m)	भतीजा (m)	bhatījā
Nichte (f)	भतीजी (f)	bhatījī
Schwiegermutter (f)	सास (f)	sās
Schwiegervater (m)	ससुर (m)	sasur
Schwiegersohn (m)	दामाद (m)	dāmād
Stiefmutter (f)	सौतेली माँ (f)	sautelī mān
Stiefvater (m)	सौतेले पिता (m)	sautele pita
Säugling (m)	दूधमुँहा बच्चा (m)	dudhamunha bachcha
Kleinkind (n)	शिशु (f)	shishu
Kleine (m)	छोटा बच्चा (m)	chhota bachcha
Frau (f)	पत्नी (f)	patnī
Mann (m)	पति (m)	pati
Ehemann (m)	पति (m)	pati
Gemahlin (f)	पत्नी (f)	patnī
verheiratet (Ehemann)	शादीशुदा	shādīshuda
verheiratet (Ehefrau)	शादीशुदा	shādīshuda
ledig	अविवाहित	avivāhit
Junggeselle (m)	कुँआरा (m)	kunāra
geschieden (Adj)	तलाक़शुदा	talāqashuda
Witwe (f)	विधवा (f)	vidhava
Witwer (m)	विधुर (m)	vidhur
Verwandte (m)	रिश्तेदार (m)	rishtedār
naher Verwandter (m)	सम्बंधी (m)	sambandhī
entfernter Verwandter (m)	दूर का रिश्तेदार (m)	dūr ka rishtedār
Verwandte (pl)	रिश्तेदार (m pl)	rishtedār
Waise (m, f)	अनाथ (m)	anāth
Vormund (m)	अभिभावक (m)	abhibhāvak
adoptieren (einen Jungen)	लड़का गोद लेना	laraka god lena
adoptieren (ein Mädchen)	लड़की गोद लेना	larakī god lena

Medizin

47. Krankheiten

Krankheit (f)	बीमारी (f)	bīmārī
krank sein	बीमार होना	bīmār hona
Gesundheit (f)	सेहत (f)	sehat
Schnupfen (m)	नज़ला (m)	nazala
Angina (f)	टॉन्सिल (m)	tonsil
Erkältung (f)	ज़ुकाम (f)	zukām
sich erkälten	ज़ुकाम हो जाना	zukām ho jāna
Bronchitis (f)	ब्रॉन्काइटिस (m)	bronkaitis
Lungenentzündung (f)	निमोनिया (f)	nimoniya
Grippe (f)	फ़्लू (m)	flū
kurzsichtig	कमबीन	kamabīn
weitsichtig	कमज़ोर दूरदृष्टि	kamazor dūradrshti
Schielen (n)	तिरछी नज़र (m)	tirachhī nazar
schielend (Adj)	तिरछी नज़रवाला	tirachhī nazaravāla
grauer Star (m)	मोतिया बिंद (m)	motiya bind
Glaukom (n)	काला मोतिया (m)	kāla motiya
Schlaganfall (m)	स्ट्रोक (m)	strok
Infarkt (m)	दिल का दौरा (m)	dil ka daura
Herzinfarkt (m)	मायोकार्डियल इन्फ़ार्क्शन (m)	māyokārdiyal infārkshan
Lähmung (f)	लकवा (m)	lakava
lähmen (vt)	लकवा मारना	laqava mārana
Allergie (f)	एलर्जी (f)	elarjī
Asthma (n)	दमा (f)	dama
Diabetes (m)	शूगर (f)	shūgar
Zahnschmerz (m)	दाँत दर्द (m)	dānt dard
Karies (f)	दाँत में कीड़ा (m)	dānt men kīra
Durchfall (m)	दस्त (m)	dast
Verstopfung (f)	कब्ज़ (m)	kabz
Magenverstimmung (f)	पेट ख़राब (m)	pet kharāb
Vergiftung (f)	ख़राब खाने से हुई बीमारी (f)	kharāb khāne se huī bīmārī
Vergiftung bekommen	ख़राब खाने से बीमार पड़ना	kharāb khāne se bīmār parana
Arthritis (f)	गठिया (m)	gathiya
Rachitis (f)	बालवक्र (m)	bālavakr
Rheumatismus (m)	आमवात (m)	āmavāt
Atherosklerose (f)	धमनीकलाकाठिन्य (m)	dhamanīkalākāthiny
Gastritis (f)	जठर-शोथ (m)	jathar-shoth
Blinddarmentzündung (f)	उण्डुक-शोथ (m)	unduk-shoth

Cholezystitis (f)	पित्ताशय (m)	pittāshay
Geschwür (n)	अल्सर (m)	alsar
Masern (pl)	मीज़ल्स (m)	mīzals
Röteln (pl)	जर्मन मीज़ल्स (m)	jarman mīzals
Gelbsucht (f)	पीलिया (m)	pīliya
Hepatitis (f)	हेपेटाइटिस (m)	hepetaitis
Schizophrenie (f)	शीज़ोफ्रेनीय (f)	shīzofrenīy
Tollwut (f)	रेबीज़ (m)	rebīz
Neurose (f)	न्यूरोसिस (m)	nyūrosis
Gehirnerschütterung (f)	आघात (m)	āghāt
Krebs (m)	कर्क रोग (m)	kark rog
Sklerose (f)	काठिन्य (m)	kāthiny
multiple Sklerose (f)	मल्टीपल स्क्लेरोसिस (m)	maltīpal sklerosis
Alkoholismus (m)	शराबीपन (m)	sharābīpan
Alkoholiker (m)	शराबी (m)	sharābī
Syphilis (f)	सीफ़ीलिस (m)	sīfilis
AIDS	ऐड्स (m)	aids
Tumor (m)	ट्यूमर (m)	tyūmar
bösartig	घातक	ghātak
gutartig	अर्बुद	arbud
Fieber (n)	बुखार (m)	bukhār
Malaria (f)	मलेरिया (f)	maleriya
Gangrän (f, n)	गैन्ग्रीन (m)	gaingrīn
Seekrankheit (f)	जहाज़ी मतली (f)	jahāzī matalī
Epilepsie (f)	मिरगी (f)	miragī
Epidemie (f)	महामारी (f)	mahāmārī
Typhus (m)	टाइफ़स (m)	taifas
Tuberkulose (f)	टीबी (m)	tībī
Cholera (f)	हैज़ा (f)	haiza
Pest (f)	प्लेग (f)	pleg

48. Symptome. Behandlungen. Teil 1

Symptom (n)	लक्षण (m)	lakshan
Temperatur (f)	तापमान (m)	tāpamān
Fieber (n)	बुखार (f)	bukhār
Puls (m)	नब्ज़ (f)	nabz
Schwindel (m)	सिर का चक्कर (m)	sir ka chakkar
heiß (Stirne usw.)	गरम	garam
Schüttelfrost (m)	कंपकंपी (f)	kampakampī
blass (z.B. -es Gesicht)	पीला	pīla
Husten (m)	खाँसी (f)	khānsī
husten (vi)	खाँसना	khānsana
niesen (vi)	छींकना	chhīnkana
Ohnmacht (f)	बेहोशी (f)	behoshī

ohnmächtig werden	बेहोश होना	behosh hona
blauer Fleck (m)	नील (m)	nīl
Beule (f)	गुमड़ा (m)	gumara
sich stoßen	चोट लगना	chot lagana
Prellung (f)	चोट (f)	chot
sich stoßen	घाव लगना	ghāv lagana
hinken (vi)	लँगड़ाना	langarāna
Verrenkung (f)	हड्डी खिसकना (f)	haddī khisakana
ausrenken (vt)	हड्डी खिसकना	haddī khisakana
Fraktur (f)	हड्डी टूट जाना (f)	haddī tūt jāna
brechen (Arm usw.)	हड्डी टूट जाना	haddī tūt jāna
Schnittwunde (f)	कट जाना (m)	kat jāna
sich schneiden	खुद को काट लेना	khud ko kāt lena
Blutung (f)	रक्त-स्राव (m)	rakt-srāv
Verbrennung (f)	जला होना	jala hona
sich verbrennen	जल जाना	jal jāna
stechen (vt)	चुभाना	chubhāna
sich stechen	खुद को चुभाना	khud ko chubhāna
verletzen (vt)	घायल करना	ghāyal karana
Verletzung (f)	चोट (f)	chot
Wunde (f)	घाव (m)	ghāv
Trauma (n)	चोट (f)	chot
irrereden (vi)	बेहोशी में बड़बड़ाना	behoshī men barabadāna
stottern (vi)	हकलाना	hakalāna
Sonnenstich (m)	धूप आघात (m)	dhūp āghāt

49. Symptome. Behandlungen. Teil 2

Schmerz (m)	दर्द (f)	dard
Splitter (m)	चुभ जाना (m)	chubh jāna
Schweiß (m)	पसीना (f)	pasīna
schwitzen (vi)	पसीना निकलना	pasīna nikalana
Erbrechen (n)	वमन (m)	vaman
Krämpfe (pl)	दौरा (m)	daura
schwanger	गर्भवती	garbhavatī
geboren sein	जन्म लेना	janm lena
Geburt (f)	पैदा करना (m)	paida karana
gebären (vt)	पैदा करना	paida karana
Abtreibung (f)	गर्भपात (m)	garbhapāt
Atem (m)	साँस (f)	sāns
Atemzug (m)	साँस अंदर खींचना (f)	sāns andar khīnchana
Ausatmung (f)	साँस बाहर छोड़ना (f)	sāns bāhar chhorana
ausatmen (vt)	साँस बाहर छोड़ना	sāns bāhar chhorana
einatmen (vt)	साँस अंदर खींचना	sāns andar khīnchana
Invalide (m)	अपाहिज (m)	apāhij
Krüppel (m)	लूला (m)	lūla

Drogenabhängiger (m)	नशेबाज़ (m)	nashebāz
taub	बहरा	bahara
stumm	गूँगा	gūnga
taubstumm	बहरा और गूँगा	bahara aur gūnga
verrückt (Adj)	पागल	pāgal
Irre (m)	पगला (m)	pagala
Irre (f)	पगली (f)	pagalī
den Verstand verlieren	पागल हो जाना	pāgal ho jāna
Gen (n)	वंशाणु (m)	vanshānu
Immunität (f)	रोग प्रतिरोधक शक्ति (f)	rog pratirodhak shakti
erblich	जन्मजात	janmajāt
angeboren	पैदाइशी	paidaishī
Virus (m, n)	विषाणु (m)	vishānu
Mikrobe (f)	कीटाणु (m)	kītānu
Bakterie (f)	जीवाणु (m)	jīvānu
Infektion (f)	संक्रमण (m)	sankraman

50. Symptome. Behandlungen. Teil 3

Krankenhaus (n)	अस्पताल (m)	aspatāl
Patient (m)	मरीज़ (m)	marīz
Diagnose (f)	रोग-निर्णय (m)	rog-nirnay
Heilung (f)	इलाज (m)	ilāj
Behandlung (f)	चिकित्सीय उपचार (m)	chikitsīy upachār
Behandlung bekommen	इलाज कराना	ilāj karāna
behandeln (vt)	इलाज करना	ilāj karana
pflegen (Kranke)	देखभाल करना	dekhabhāl karana
Pflege (f)	देखभाल (f)	dekhabhāl
Operation (f)	ऑपरेशन (m)	opareshan
verbinden (vt)	पट्टी बाँधना	pattī bāndhana
Verband (m)	पट्टी (f)	pattī
Impfung (f)	टीका (m)	tīka
impfen (vt)	टीका लगाना	tīka lagāna
Spritze (f)	इंजेक्शन (m)	injekshan
eine Spritze geben	इंजेक्शन लगाना	injekshan lagāna
Amputation (f)	अंगविच्छेद (f)	angavichchhed
amputieren (vt)	अंगविच्छेद करना	angavichchhed karana
Koma (n)	कोमा (m)	koma
im Koma liegen	कोमा में चले जाना	koma men chale jāna
Reanimation (f)	गहन चिकित्सा (f)	gahan chikitsa
genesen von ... (vi)	ठीक हो जाना	thīk ho jāna
Zustand (m)	हालत (m)	hālat
Bewusstsein (n)	होश (m)	hosh
Gedächtnis (n)	याददाश्त (f)	yādadāsht
ziehen (einen Zahn ~)	दाँत निकालना	dānt nikālana
Plombe (f)	भराव (m)	bharāv

plombieren (vt)	दाँत को भरना	dānt ko bharana
Hypnose (f)	हिपनोसिस (m)	hipanosis
hypnotisieren (vt)	हिपनोटाइज़ करना	hipanotaiz karana

51. Ärzte

Arzt (m)	डॉक्टर (m)	doktar
Krankenschwester (f)	नर्स (m)	nars
Privatarzt (m)	निजी डॉक्टर (m)	nijī doktar
Zahnarzt (m)	दंत-चिकित्सक (m)	dant-chikitsak
Augenarzt (m)	आँखों का डॉक्टर (m)	ānkhon ka doktar
Internist (m)	चिकित्सक (m)	chikitsak
Chirurg (m)	शल्य-चिकित्सक (m)	shaly-chikitsak
Psychiater (m)	मनोरोग चिकित्सक (m)	manorog chikitsak
Kinderarzt (m)	बाल-चिकित्सक (m)	bāl-chikitsak
Psychologe (m)	मनोवैज्ञानिक (m)	manovaigyānik
Frauenarzt (m)	प्रसूतिशास्री (f)	prasūtishāsrī
Kardiologe (m)	हृदय रोग विशेषज्ञ (m)	hrday rog visheshagy

52. Medizin. Medikamente. Accessoires

Arznei (f)	दवा (f)	dava
Heilmittel (n)	दवाई (f)	davaī
verschreiben (vt)	नुस्ख़ा लिखना	nusakha likhana
Rezept (n)	नुस्ख़ा (m)	nusakha
Tablette (f)	गोली (f)	golī
Salbe (f)	मरहम (m)	maraham
Ampulle (f)	एम्प्यूल (m)	empyūl
Mixtur (f)	सिरप (m)	sirap
Sirup (m)	शरबत (m)	sharabat
Pille (f)	गोली (f)	golī
Pulver (n)	चूरन (m)	chūran
Verband (m)	पट्टी (f)	pattī
Watte (f)	रूई का गोला (m)	rūī ka gola
Jod (n)	आयोडीन (m)	āyodīn
Pflaster (n)	बैंड-एड (m)	baind-ed
Pipette (f)	आई-ड्रॉपर (m)	āī-dropar
Thermometer (n)	थरमामीटर (m)	tharamāmītar
Spritze (f)	इंजेक्शन (m)	injekshan
Rollstuhl (m)	व्हीलचेयर (f)	vhīlacheyar
Krücken (pl)	बैसाखी (m pl)	baisākhī
Betäubungsmittel (n)	दर्द-निवारक (f)	dard-nivārak
Abführmittel (n)	जुलाब की गोली (f)	julāb kī golī
Spiritus (m)	स्पिरिट (m)	spirit
Heilkraut (n)	जड़ी-बूटी (f)	jarī-būtī
Kräuter- (z.B. Kräutertee)	जड़ी-बूटियों से बना	jarī-būtiyon se bana

LEBENSRAUM DES MENSCHEN

Stadt

53. Stadt. Leben in der Stadt

Stadt (f)	नगर (m)	nagar
Hauptstadt (f)	राजधानी (f)	rājadhānī
Dorf (n)	गांव (m)	gānv
Stadtplan (m)	नगर का नक्शा (m)	nagar ka naksha
Stadtzentrum (n)	नगर का केन्द्र (m)	nagar ka kendr
Vorort (m)	उपनगर (m)	upanagar
Vorort-	उपनगरिक	upanagarik
Stadtrand (m)	बाहरी इलाका (m)	bāharī ilāka
Umgebung (f)	ईर्दगिर्द के इलाके (m pl)	irdagird ke ilāke
Stadtviertel (n)	सेक्टर (m)	sektar
Wohnblock (m)	मुहल्ला (m)	muhalla
Straßenverkehr (m)	यातायात (f)	yātāyāt
Ampel (f)	यातायात सिग्नल (m)	yātāyāt signal
Stadtverkehr (m)	जन परिवहन (m)	jan parivahan
Straßenkreuzung (f)	चौराहा (m)	chaurāha
Übergang (m)	ज़ेबरा क्रॉसिंग (f)	zebara krosing
Fußgängerunterführung (f)	पैदल यात्रियों के लिए अंडरपास (f)	paidal yātriyon ke lie andarapās
überqueren (vt)	सड़क पार करना	sarak pār karana
Fußgänger (m)	पैदल-यात्री (m)	paidal-yātrī
Gehweg (m)	फुटपाथ (m)	futapāth
Brücke (f)	पुल (m)	pul
Kai (m)	तट (m)	tat
Springbrunnen (m)	फौवारा (m)	fauvāra
Allee (f)	छायापथ (f)	chhāyāpath
Park (m)	पार्क (m)	pārk
Boulevard (m)	चौड़ी सड़क (m)	chaurī sarak
Platz (m)	मैदान (m)	maidān
Avenue (f)	मार्ग (m)	mārg
Straße (f)	सड़क (f)	sarak
Gasse (f)	गली (f)	galī
Sackgasse (f)	बंद गली (f)	band galī
Haus (n)	मकान (m)	makān
Gebäude (n)	इमारत (f)	imārat
Wolkenkratzer (m)	गगनचुंबी भवन (f)	gaganachumbī bhavan
Fassade (f)	अगवाड़ा (m)	agavāra

Dach (n)	छत (f)	chhat
Fenster (n)	खिड़की (f)	khirakī
Bogen (m)	मेहराब (m)	meharāb
Säule (f)	स्तंभ (m)	stambh
Ecke (f)	कोना (m)	kona

Schaufenster (n)	दुकान का शो-केस (m)	dukān ka sho-kes
Firmenschild (n)	साईनबोर्ड (m)	saīnabord
Anschlag (m)	पोस्टर (m)	postar
Werbeposter (m)	विज्ञापन पोस्टर (m)	vigyāpan postar
Werbeschild (n)	बिलबोर्ड (m)	bilabord

Müll (m)	कूड़ा (m)	kūra
Mülleimer (m)	कूड़े का डिब्बा (m)	kūre ka dibba
Abfall wegwerfen	कूड़ा-कर्कट डालना	kūra-karkat dālana
Mülldeponie (f)	डम्पिंग ग्राउंड (m)	damping graund

Telefonzelle (f)	फ़ोन बूथ (m)	fon būth
Straßenlaterne (f)	बिजली का खंभा (m)	bijalī ka khambha
Bank (Park-)	पार्क-बेंच (f)	pārk-bench

Polizist (m)	पुलिसवाला (m)	pulisavāla
Polizei (f)	पुलिस (m)	pulis
Bettler (m)	भिखारी (m)	bhikhārī
Obdachlose (m)	बेघर (m)	beghar

54. Innerstädtische Einrichtungen

Laden (m)	दुकान (f)	dukān
Apotheke (f)	दवाख़ाना (m)	davākhāna
Optik (f)	चश्मे की दुकान (f)	chashme kī dukān
Einkaufszentrum (n)	शॉपिंग मॉल (m)	shoping mol
Supermarkt (m)	सुपर बाज़ार (m)	supar bāzār

Bäckerei (f)	बेकरी (f)	bekarī
Bäcker (m)	बेकर (m)	bekar
Konditorei (f)	टॉफी की दुकान (f)	tofī kī dukān
Lebensmittelladen (m)	परचून की दुकान (f)	parachūn kī dukān
Metzgerei (f)	गोश्त की दुकान (f)	gosht kī dukān

| Gemüseladen (m) | सब्ज़ियों की दुकान (f) | sabziyon kī dukān |
| Markt (m) | बाज़ार (m) | bāzār |

Kaffeehaus (n)	काफ़ी हाउस (m)	kāfī haus
Restaurant (n)	रेस्टरॉं (m)	restarān
Bierstube (f)	शराबख़ाना (m)	sharābakhāna
Pizzeria (f)	पिट्ज़ा की दुकान (f)	pitza kī dukān

Friseursalon (m)	नाई की दुकान (f)	naī kī dukān
Post (f)	डाकघर (m)	dākaghar
chemische Reinigung (f)	ड्राइक्लीनर (m)	draiklīnar
Fotostudio (n)	फ़ोटो की दुकान (f)	foto kī dukān
Schuhgeschäft (n)	जूते की दुकान (f)	jūte kī dukān
Buchhandlung (f)	किताबों की दुकान (f)	kitābon kī dukān

Sportgeschäft (n)	खेलकूद की दुकान (f)	khelakūd kī dukān
Kleiderreparatur (f)	कपड़ों की मरम्मत की दुकान (f)	kaparon kī marammat kī dukān
Bekleidungsverleih (m)	कपड़ों को किराए पर देने की दुकान (f)	kaparon ko kirae par dene kī dukān
Videothek (f)	वीडियो रेन्टल दुकान (f)	vīdiyo rental dukān
Zirkus (m)	सर्कस (m)	sarkas
Zoo (m)	चिड़ियाघर (m)	chiriyāghar
Kino (n)	सिनेमाघर (m)	sinemāghar
Museum (n)	संग्रहालय (m)	sangrahālay
Bibliothek (f)	पुस्तकालय (m)	pustakālay
Theater (n)	रंगमंच (m)	rangamanch
Opernhaus (n)	ओपेरा (m)	opera
Nachtklub (m)	नाईट क्लब (m)	naīt klab
Kasino (n)	केसिनो (m)	kesino
Moschee (f)	मस्जिद (m)	masjid
Synagoge (f)	सीनागोग (m)	sīnāgog
Kathedrale (f)	गिरजाघर (m)	girajāghar
Tempel (m)	मंदिर (m)	mandir
Kirche (f)	गिरजाघर (m)	girajāghar
Institut (n)	कॉलेज (m)	kolej
Universität (f)	विश्वविद्यालय (m)	vishvavidyālay
Schule (f)	विद्यालय (m)	vidyālay
Präfektur (f)	प्रशासक प्रान्त (m)	prashāsak prānt
Rathaus (n)	सिटी हॉल (m)	sitī hol
Hotel (n)	होटल (f)	hotal
Bank (f)	बैंक (m)	baink
Botschaft (f)	दूतावास (m)	dūtāvas
Reisebüro (n)	पर्यटन आफ़िस (m)	paryatan āfis
Informationsbüro (n)	पूछताछ कार्यालय (m)	pūchhatāchh kāryālay
Wechselstube (f)	मुद्रालय (m)	mudrālay
U-Bahn (f)	मेट्रो (m)	metro
Krankenhaus (n)	अस्पताल (m)	aspatāl
Tankstelle (f)	पेट्रोल पम्प (f)	petrol pamp
Parkplatz (m)	पार्किंग (f)	pārking

55. Schilder

Firmenschild (n)	साईनबोर्ड (m)	saīnabord
Aufschrift (f)	दुकान का साईन (m)	dukān ka saīn
Plakat (n)	पोस्टर (m)	postar
Wegweiser (m)	दिशा संकेतक (m)	disha sanketak
Pfeil (m)	तीर दिशा संकेतक (m)	tīr disha sanketak
Vorsicht (f)	चेतावनी (f)	chetāvanī
Warnung (f)	चेतावनी संकेतक (m)	chetāvanī sanketak

warnen (vt)	चेतावनी देना	chetāvanī dena
freier Tag (m)	छुट्टी का दिन (m)	chhuttī ka din
Fahrplan (m)	समय सारणी (f)	samay sāranī
Öffnungszeiten (pl)	खुलने का समय (m)	khulane ka samay
HERZLICH WILLKOMMEN!	आपका स्वागत है!	āpaka svāgat hai!
EINGANG	प्रवेश	pravesh
AUSGANG	निकास	nikās
DRÜCKEN	धक्का दें	dhakka den
ZIEHEN	खींचे	khīnche
GEÖFFNET	खुला	khula
GESCHLOSSEN	बंद	band
DAMEN, FRAUEN	औरतों के लिये	auraton ke liye
HERREN, MÄNNER	आदमियों के लिये	ādamiyon ke liye
AUSVERKAUF	डिस्काउन्ट	diskaunt
REDUZIERT	सेल	sel
NEU!	नया!	naya!
GRATIS	मुफ्त	muft
ACHTUNG!	ध्यान दें!	dhyān den!
ZIMMER BELEGT	कोई जगह खाली नहीं है	koī jagah khālī nahin hai
RESERVIERT	रिज़र्वड	rizarvad
VERWALTUNG	प्रशासन	prashāsan
NUR FÜR PERSONAL	केवल कर्मचारियों के लिए	keval karmachāriyon ke lie
VORSICHT BISSIGER HUND	कुत्ते से सावधान!	kutte se sāvadhān!
RAUCHEN VERBOTEN!	धुम्रपान निषेध!	dhumrapān nishedh!
BITTE NICHT BERÜHREN	छूना मना!	chhūna mana!
GEFÄHRLICH	खतरा	khatara
VORSICHT!	खतरा	khatara
HOCHSPANNUNG	उच्च वोल्टेज	uchch voltej
BADEN VERBOTEN	तैरना मना!	tairana mana!
AUßER BETRIEB	ख़राब	kharāb
LEICHTENTZÜNDLICH	ज्वलनशील	jvalanashīl
VERBOTEN	निषिद्ध	nishiddh
DURCHGANG VERBOTEN	प्रवेश निषेध!	pravesh nishedh!
FRISCH GESTRICHEN	गीला पेंट	gīla pent

56. Innerstädtischer Transport

Bus (m)	बस (f)	bas
Straßenbahn (f)	ट्राम (m)	traim
Obus (m)	ट्रॉलीबस (f)	trolības
Linie (f)	मार्ग (m)	mārg
Nummer (f)	नम्बर (m)	nambar
mit ... fahren	के माध्यम से जाना	ke mādhyam se jāna
einsteigen (vi)	सवार होना	savār hona

aussteigen (aus dem Bus)	उतरना	utarana
Haltestelle (f)	बस स्टॉप (m)	bas stop
nächste Haltestelle (f)	अगला स्टॉप (m)	agala stop
Endhaltestelle (f)	अंतिम स्टेशन (m)	antim steshan
Fahrplan (m)	समय सारणी (f)	samay sāraṇī
warten (vi, vt)	इंतज़ार करना	intazār karana
Fahrkarte (f)	टिकट (m)	tikat
Fahrpreis (m)	टिकट का किराया (m)	tikat ka kirāya
Kassierer (m)	कैशियर (m)	kaishiyar
Fahrkartenkontrolle (f)	टिकट जाँच (f)	tikat jānch
Fahrkartenkontrolleur (m)	कंडक्टर (m)	kandaktar
sich verspäten	देर हो जाना	der ho jāna
versäumen (Zug usw.)	छूट जाना	chhūt jāna
sich beeilen	जल्दी में रहना	jaldī men rahana
Taxi (n)	टैक्सी (m)	taiksī
Taxifahrer (m)	टैक्सीवाला (m)	taiksīvāla
mit dem Taxi	टैक्सी से (m)	taiksī se
Taxistand (m)	टैक्सी स्टैंड (m)	taiksī staind
ein Taxi rufen	टैक्सी बुलाना	taiksī bulāna
ein Taxi nehmen	टैक्सी लेना	taiksī lena
Straßenverkehr (m)	यातायात (f)	yātāyāt
Stau (m)	ट्रैफिक जाम (m)	traifik jām
Hauptverkehrszeit (f)	भीड़ का समय (m)	bhīṛ ka samay
parken (vi)	पार्क करना	pārk karana
parken (vt)	पार्क करना	pārk karana
Parkplatz (m)	पार्किंग (f)	pārking
U-Bahn (f)	मेट्रो (m)	metro
Station (f)	स्टेशन (m)	steshan
mit der U-Bahn fahren	मेट्रो लेना	metro lena
Zug (m)	रेलगाड़ी, ट्रेन (f)	relagāṛī, tren
Bahnhof (m)	स्टेशन (m)	steshan

57. Sehenswürdigkeiten

Denkmal (n)	स्मारक (m)	smārak
Festung (f)	किला (m)	kila
Palast (m)	भवन (m)	bhavan
Schloss (n)	महल (m)	mahal
Turm (m)	मीनार (m)	mīnār
Mausoleum (n)	समाधि (f)	samādhi
Architektur (f)	वस्तुशाला (m)	vastushāla
mittelalterlich	मध्ययुगीय	madhayayugīy
alt (antik)	प्राचीन	prāchīn
national	राष्ट्रीय	rāshtrīy
berühmt	मशहूर	mashhūr
Tourist (m)	पर्यटक (m)	paryatak
Fremdenführer (m)	गाइड (m)	gaid

Ausflug (m)	पर्यटन यात्रा (m)	paryatan yātra
zeigen (vt)	दिखाना	dikhāna
erzählen (vt)	बताना	batāna
finden (vt)	ढूँढना	dhūnrhana
sich verlieren	खो जाना	kho jāna
Karte (U-Bahn ~)	नक्शा (m)	naksha
Karte (Stadt-)	नक्शा (m)	naksha
Souvenir (n)	यादगार (m)	yādagār
Souvenirladen (m)	गिफ्ट शॉप (f)	gift shop
fotografieren (vt)	फ़ोटो खींचना	foto khīnchana
sich fotografieren	अपना फ़ोटो खिंचवाना	apana foto khinchavāna

58. Shopping

kaufen (vt)	खरीदना	kharīdana
Einkauf (m)	खरीदारी (f)	kharīdārī
einkaufen gehen	खरीदारी करने जाना	kharīdārī karane jāna
Einkaufen (n)	खरीदारी (f)	kharīdārī
offen sein (Laden)	खुला होना	khula hona
zu sein	बन्द होना	band hona
Schuhe (pl)	जूता (m)	jūta
Kleidung (f)	पोशाक (m)	poshāk
Kosmetik (f)	श्रृंगार-सामग्री (f)	shrrngār-sāmagrī
Lebensmittel (pl)	खाने-पीने की चीज़ें (f pl)	khāne-pīne kī chīzen
Geschenk (n)	उपहार (m)	upahār
Verkäufer (m)	बेचनेवाला (m)	bechanevāla
Verkäuferin (f)	बेचनेवाली (f)	bechanevālī
Kasse (f)	कैश-काउन्टर (m)	kaish-kauntar
Spiegel (m)	आईना (m)	āīna
Ladentisch (m)	काउन्टर (m)	kauntar
Umkleidekabine (f)	ट्राई करने का कमरा (m)	traī karane ka kamara
anprobieren (vt)	ट्राई करना	traī karana
passen (Schuhe, Kleid)	फिटिंग करना	fiting karana
gefallen (vi)	पसंद करना	pasand karana
Preis (m)	दाम (m)	dām
Preisschild (n)	प्राइस टैग (m)	prais taig
kosten (vt)	दाम होना	dām hona
Wie viel?	कितना?	kitana?
Rabatt (m)	डिस्काउन्ट (m)	diskaunt
preiswert	सस्ता	sasta
billig	सस्ता	sasta
teuer	महंगा	mahanga
Das ist teuer	यह महंगा है	yah mahanga hai
Verleih (m)	रेन्टल (m)	rental
leihen, mieten (ein Auto usw.)	किराए पर लेना	kirae par lena

Kredit (m), Darlehen (n)	क्रेडिट (m)	kredit
auf Kredit	क्रेडिट पर	kredit par

59. Geld

Geld (n)	पैसा (m pl)	paisa
Austausch (m)	मुद्रा विनिमय (m)	mudra vinimay
Kurs (m)	विनिमय दर (m)	vinimay dar
Geldautomat (m)	एटीएम (m)	etīem
Münze (f)	सिक्का (m)	sikka
Dollar (m)	डॉलर (m)	dolar
Euro (m)	यूरो (m)	yūro
Lira (f)	लीरा (f)	līra
Mark (f)	डचमार्क (m)	dachamārk
Franken (m)	फ्रांक (m)	fränk
Pfund Sterling (n)	पाउन्ड स्टरलिंग (m)	paund staraling
Yen (m)	येन (m)	yen
Schulden (pl)	कर्ज़ (m)	karz
Schuldner (m)	कर्ज़दार (m)	qarzadār
leihen (vt)	कर्ज़ देना	karz dena
leihen, borgen (Geld usw.)	कर्ज़ लेना	karz lena
Bank (f)	बैंक (m)	baink
Konto (n)	बैंक खाता (m)	baink khāta
auf ein Konto einzahlen	बैंक खाते में जमा करना	baink khāte men jama karana
abheben (vt)	खाते से पैसे निकालना	khāte se paise nikālana
Kreditkarte (f)	क्रेडिट कार्ड (m)	kredit kārd
Bargeld (n)	कैश (m pl)	kaish
Scheck (m)	चेक (m)	chek
einen Scheck schreiben	चेक लिखना	chek likhana
Scheckbuch (n)	चेकबुक (f)	chekabuk
Geldtasche (f)	बटुआ (m)	batua
Geldbeutel (m)	बटुआ (m)	batua
Safe (m)	लॉकर (m)	lokar
Erbe (m)	उत्तराधिकारी (m)	uttarādhikārī
Erbschaft (f)	उत्तराधिकार (m)	uttarādhikār
Vermögen (n)	संपत्ति (f)	sampatti
Pacht (f)	किराये पर देना (m)	kirāye par dena
Miete (f)	किराया (m)	kirāya
mieten (vt)	किराए पर लेना	kirae par lena
Preis (m)	दाम (m)	dām
Kosten (pl)	कीमत (f)	kīmat
Summe (f)	रक़म (m)	raqam
ausgeben (vt)	खर्च करना	kharch karana
Ausgaben (pl)	खर्च (m pl)	kharch

sparen (vt)	बचत करना	bachat karana
sparsam	किफ़ायती	kifāyatī
zahlen (vt)	दाम चुकाना	dām chukāna
Lohn (m)	भुगतान (m)	bhugatān
Wechselgeld (n)	चिल्लर (m)	chillar
Steuer (f)	टैक्स (m)	taiks
Geldstrafe (f)	जुर्माना (m)	jurmāna
bestrafen (vt)	जुर्माना लगाना	jurmāna lagāna

60. Post. Postdienst

Post (Postamt)	डाकघर (m)	dākaghar
Post (Postsendungen)	डाक (m)	dāk
Briefträger (m)	डाकिया (m)	dākiya
Öffnungszeiten (pl)	खुलने का समय (m)	khulane ka samay
Brief (m)	पत्र (m)	patr
Einschreibebrief (m)	रजिस्टरी पत्र (m)	rajistarī patr
Postkarte (f)	पोस्ट कार्ड (m)	post kārd
Telegramm (n)	तार (m)	tār
Postpaket (n)	पार्सल (f)	pārsal
Geldanweisung (f)	मनी ट्रांसफर (m)	manī trānsafar
bekommen (vt)	पाना	pāna
abschicken (vt)	भेजना	bhejana
Absendung (f)	भेज (m)	bhej
Postanschrift (f)	पता (m)	pata
Postleitzahl (f)	पिन कोड (m)	pin kod
Absender (m)	भेजनेवाला (m)	bhejanevāla
Empfänger (m)	पानेवाला (m)	pānevāla
Vorname (m)	पहला नाम (m)	pahala nām
Nachname (m)	उपनाम (m)	upanām
Tarif (m)	डाक दर (m)	dāk dar
Standard- (Tarif)	मानक	mānak
Spar- (-tarif)	किफ़ायती	kifāyatī
Gewicht (n)	वज़न (m)	vazan
abwiegen (vt)	तोलना	tolana
Briefumschlag (m)	लिफ़ाफ़ा (m)	lifāfa
Briefmarke (f)	डाक टिकट (m)	dāk tikat
Briefmarke aufkleben	डाक टिकट लगाना	dāk tikat lagāna

Wohnung. Haus. Zuhause

61. Haus. Elektrizität

Elektrizität (f)	बिजली (f)	bijalī
Glühbirne (f)	बल्ब (m)	balb
Schalter (m)	स्विच (m)	svich
Sicherung (f)	फ्यूज़ बटन (m)	fyūz batan
Draht (m)	तार (m)	tār
Leitung (f)	तार (m)	tār
Stromzähler (m)	बिजली का मीटर (m)	bijalī ka mītar
Zählerstand (m)	मीटर रीडिंग (f)	mītar rīding

62. Villa. Schloss

Landhaus (n)	गाँव का मकान (m)	gānv ka makān
Villa (f)	बंगला (m)	bangala
Flügel (m)	खंड (m)	khand
Garten (m)	बाग़ (m)	bāg
Park (m)	पार्क (m)	pārk
Orangerie (f)	ग्रीनहाउस (m)	grīnahaus
pflegen (Garten usw.)	देखभाल करना	dekhabhāl karana
Schwimmbad (n)	तरण-ताल (m)	taran-tāl
Kraftraum (m)	व्यायाम कक्ष (m)	vyāyām kaksh
Tennisplatz (m)	टेनिस-कोर्ट (m)	tenis-kort
Heimkinoraum (m)	सिनेमाघर (m)	sinemāghar
Garage (f)	गराज (m)	garāj
Privateigentum (n)	नीजी सम्पत्ति (f)	nījī sampatti
Privatgrundstück (n)	नीजी ज़मीन (f)	nījī zamīn
Warnung (f)	चेतावनी (f)	chetāvanī
Warnschild (n)	चेतावनी संकेत (m)	chetāvanī sanket
Bewachung (f)	सुरक्षा (f)	suraksha
Wächter (m)	पहरेदार (m)	paharedār
Alarmanlage (f)	चोर घंटी (f)	chor ghantī

63. Wohnung

Wohnung (f)	फ्लैट (f)	flait
Zimmer (n)	कमरा (m)	kamara
Schlafzimmer (n)	सोने का कमरा (m)	sone ka kamara

Esszimmer (n)	खाने का कमरा (m)	khāne ka kamara
Wohnzimmer (n)	बैठक (f)	baithak
Arbeitszimmer (n)	घरेलू कार्यालय (m)	gharelū kāryālay
Vorzimmer (n)	प्रवेश कक्ष (m)	pravesh kaksh
Badezimmer (n)	स्नानघर (m)	snānaghar
Toilette (f)	शौचालय (m)	shauchālay
Decke (f)	छत (f)	chhat
Fußboden (m)	फ़र्श (m)	farsh
Ecke (f)	कोना (m)	kona

64. Möbel. Innenausstattung

Möbel (n)	फ़र्निचर (m)	farnichar
Tisch (m)	मेज़ (f)	mez
Stuhl (m)	कुर्सी (f)	kursī
Bett (n)	पलंग (m)	palang
Sofa (n)	सोफ़ा (m)	sofa
Sessel (m)	हत्थे वाली कुर्सी (f)	hatthe vālī kursī
Bücherschrank (m)	किताबों की अलमारी (f)	kitābon kī alamārī
Regal (n)	शेल्फ़ (f)	shelf
Schrank (m)	कपड़ों की अलमारी (f)	kaparon kī alamārī
Hakenleiste (f)	खूँटी (f)	khūntī
Kleiderständer (m)	खूँटी (f)	khūntī
Kommode (f)	कपड़ों की अलमारी (f)	kaparon kī alamārī
Couchtisch (m)	कॉफ़ी की मेज़ (f)	kofī kī mez
Spiegel (m)	आईना (m)	āīna
Teppich (m)	कालीन (m)	kālīn
Matte (kleiner Teppich)	दरी (f)	darī
Kamin (m)	चिमनी (f)	chimanī
Kerze (f)	मोमबत्ती (f)	momabattī
Kerzenleuchter (m)	मोमबत्तीदान (m)	momabattīdān
Vorhänge (pl)	परदे (m pl)	parade
Tapete (f)	वॉल पेपर (m)	vol pepar
Jalousie (f)	जेलुज़ी (f pl)	jeluzī
Tischlampe (f)	मेज़ का लैम्प (m)	mez ka laimp
Leuchte (f)	दिवार का लैम्प (m)	divār ka laimp
Stehlampe (f)	फ़र्श का लैम्प (m)	farsh ka laimp
Kronleuchter (m)	झूमर (m)	jhūmar
Bein (Tischbein usw.)	पाँव (m)	pānv
Armlehne (f)	कुर्सी का हत्था (m)	kursī ka hattha
Lehne (f)	कुर्सी की पीठ (f)	kursī kī pīth
Schublade (f)	दराज़ (m)	darāz

65. Bettwäsche

Bettwäsche (f)	बिस्तर के कपड़े (m)	bistar ke kapare
Kissen (n)	तकिया (m)	takiya
Kissenbezug (m)	गिलाफ़ (m)	gilāf
Bettdecke (f)	रज़ाई (f)	razaī
Laken (n)	चादर (f)	chādar
Tagesdecke (f)	चादर (f)	chādar

66. Küche

Küche (f)	रसोईघर (m)	rasoīghar
Gas (n)	गैस (m)	gais
Gasherd (m)	गैस का चूल्हा (m)	gais ka chūlha
Elektroherd (m)	बिजली का चूल्हा (m)	bijalī ka chūlha
Backofen (m)	ओवन (m)	ovan
Mikrowellenherd (m)	माइक्रोवेव ओवन (m)	maikrovev ovan
Kühlschrank (m)	फ्रिज (m)	frij
Tiefkühltruhe (f)	फ्रीज़र (m)	frījar
Geschirrspülmaschine (f)	डिशवॉशर (m)	dishavoshar
Fleischwolf (m)	कीमा बनाने की मशीन (f)	kīma banāne kī mashīn
Saftpresse (f)	जूसर (m)	jūsar
Toaster (m)	टोस्टर (m)	tostar
Mixer (m)	मिक्सर (m)	miksar
Kaffeemaschine (f)	कॉफ़ी मशीन (f)	kofī mashīn
Kaffeekanne (f)	कॉफ़ी पॉट (m)	kofī pot
Kaffeemühle (f)	कॉफ़ी पीसने की मशीन (f)	kofī pīsane kī mashīn
Wasserkessel (m)	केतली (f)	ketalī
Teekanne (f)	चायदानी (f)	chāyadānī
Deckel (m)	ढक्कन (m)	dhakkan
Teesieb (n)	छलनी (f)	chhalanī
Löffel (m)	चम्मच (m)	chammach
Teelöffel (m)	चम्मच (m)	chammach
Esslöffel (m)	चम्मच (m)	chammach
Gabel (f)	काँटा (m)	kānta
Messer (n)	छुरी (f)	chhurī
Geschirr (n)	बरतन (m)	baratan
Teller (m)	तश्तरी (f)	tashtarī
Untertasse (f)	तश्तरी (f)	tashtarī
Schnapsglas (n)	जाम (m)	jām
Glas (n)	गिलास (m)	gilās
Tasse (f)	प्याला (m)	pyāla
Zuckerdose (f)	चीनीदानी (f)	chīnīdānī
Salzstreuer (m)	नमकदानी (m)	namakadānī
Pfefferstreuer (m)	मिर्चदानी (f)	mirchadānī

Butterdose (f)	मक्खनदानी (f)	makkhanadānī
Kochtopf (m)	सॉसपैन (m)	sosapain
Pfanne (f)	फ्राइ पैन (f)	frai pain
Schöpflöffel (m)	डोई (f)	doī
Durchschlag (m)	कालेन्डर (m)	kālendar
Tablett (n)	थाली (m)	thālī
Flasche (f)	बोतल (f)	botal
Glas (Einmachglas)	शीशी (f)	shīshī
Dose (f)	डिब्बा (m)	dibba
Flaschenöffner (m)	बोतल ओपनर (m)	botal opanar
Dosenöffner (m)	ओपनर (m)	opanar
Korkenzieher (m)	पेंचकस (m)	penchakas
Filter (n)	फ़िल्टर (m)	filtar
filtern (vt)	फ़िल्टर करना	filtar karana
Müll (m)	कूड़ा (m)	kūra
Mülleimer, Treteimer (m)	कूड़े की बाल्टी (f)	kūre kī bāltī

67. Bad

Badezimmer (n)	स्नानघर (m)	snānaghar
Wasser (n)	पानी (m)	pānī
Wasserhahn (m)	नल (m)	nal
Warmwasser (n)	गरम पानी (m)	garam pānī
Kaltwasser (n)	ठंडा पानी (m)	thanda pānī
Zahnpasta (f)	टूथपेस्ट (m)	tūthapest
Zähne putzen	दाँत ब्रश करना	dānt brash karana
sich rasieren	शेव करना	shev karana
Rasierschaum (m)	शेविंग फ़ोम (m)	sheving fom
Rasierer (m)	रेज़र (f)	rezar
waschen (vt)	धोना	dhona
sich waschen	नहाना	nahāna
Dusche (f)	शावर (m)	shāvar
sich duschen	शावर लेना	shāvar lena
Badewanne (f)	बाथटब (m)	bāthatab
Klosettbecken (n)	संडास (m)	sandās
Waschbecken (n)	सिंक (m)	sink
Seife (f)	साबुन (m)	sābun
Seifenschale (f)	साबुनदानी (f)	sābunadānī
Schwamm (m)	स्पंज (f)	spanj
Shampoo (n)	शैम्पू (m)	shaimpū
Handtuch (n)	तौलिया (f)	tauliya
Bademantel (m)	चोगा (m)	choga
Wäsche (f)	धुलाई (f)	dhulaī
Waschmaschine (f)	वॉशिंग मशीन (f)	voshing mashīn

waschen (vt)	कपड़े धोना	kapare dhona
Waschpulver (n)	कपड़े धोने का पाउडर (m)	kapare dhone ka paudar

68. Haushaltsgeräte

Fernseher (m)	टीवी सेट (m)	tīvī set
Tonbandgerät (n)	टेप रिकार्डर (m)	tep rikārdar
Videorekorder (m)	वीडियो टेप रिकार्डर (m)	vīdiyo tep rikārdar
Empfänger (m)	रेडियो (m)	rediyo
Player (m)	प्लेयर (m)	pleyar
Videoprojektor (m)	वीडियो प्रोजेक्टर (m)	vīdiyo projektar
Heimkino (ii)	होम थीएटर (m)	hom thīetar
DVD-Player (m)	डीवीडी प्लेयर (m)	dīvīdī pleyar
Verstärker (m)	ध्वनि-विस्तारक (m)	dhvani-vistārak
Spielkonsole (f)	वीडियो गेम कन्सोल (m)	vīdiyo gem kansol
Videokamera (f)	वीडियो कैमरा (m)	vīdiyo kaimara
Kamera (f)	कैमरा (m)	kaimara
Digitalkamera (f)	डीजिटल कैमरा (m)	dījital kaimara
Staubsauger (m)	वैक्यूम क्लीनर (m)	vaikyūm klīnar
Bügeleisen (n)	इस्तरी (f)	istarī
Bügelbrett (n)	इस्तरी तख्ता (m)	istarī takhta
Telefon (n)	टेलीफ़ोन (m)	telīfon
Mobiltelefon (n)	मोबाइल फ़ोन (m)	mobail fon
Schreibmaschine (f)	टाइपराइटर (m)	taiparaitar
Nähmaschine (f)	सिलाई मशीन (f)	silaī mashīn
Mikrophon (n)	माइक्रोफ़ोन (m)	maikrofon
Kopfhörer (m)	हैड्फ़ोन (m pl)	hairafon
Fernbedienung (f)	रिमोट (m)	rimot
CD (f)	सीडी (m)	sīdī
Kassette (f)	कैसेट (f)	kaiset
Schallplatte (f)	रिकार्ड (m)	rikārd

AKTIVITÄTEN DES MENSCHEN

Beruf. Geschäft. Teil 1

69. Büro. Arbeiten im Büro

Büro (Firmensitz)	कार्यालय (m)	kāryālay
Büro (~ des Direktors)	कार्यालय (m)	kāryālay
Rezeption (f)	रिसेप्शन (m)	risepshan
Sekretärin (f)	सेक्रटरी (f)	sekratarī
Direktor (m)	निदेशक (m)	nideshak
Manager (m)	मैनेजर (m)	mainejar
Buchhalter (m)	लेखापाल (m)	lekhāpāl
Mitarbeiter (m)	कर्मचारी (m)	karmachārī
Möbel (n)	फ़र्निचर (m)	farnichar
Tisch (m)	मेज़ (f)	mez
Schreibtischstuhl (m)	कुर्सी (f)	kursī
Rollcontainer (m)	साइड टेबल (f)	said tebal
Kleiderständer (m)	खूँटी (f)	khūntī
Computer (m)	कंप्यूटर (m)	kampyūtar
Drucker (m)	प्रिन्टर (m)	printar
Fax (n)	फ़ैक्स मशीन (f)	faiks mashīn
Kopierer (m)	ज़ीरोक्स (m)	zīroks
Papier (n)	काग़ज़ (m)	kāgaz
Büromaterial (n)	स्टेशनरी (m pl)	steshanarī
Mousepad (n)	माउस पैड (m)	maus paid
Blatt (n) Papier	पन्ना (m)	panna
Ordner (m)	बाइन्डर (m)	baindar
Katalog (m)	कैटेलॉग (m)	kaitelog
Adressbuch (n)	डाइरेक्टरी (f)	dairektarī
Dokumentation (f)	दस्तावेज़ (m)	dastāvez
Broschüre (f)	पुस्तिका (f)	pustika
Flugblatt (n)	पर्चा (m)	parcha
Muster (n)	नमूना (m)	namūna
Training (n)	प्रशिक्षण बैठक (f)	prashikshan baithak
Meeting (n)	बैठक (f)	baithak
Mittagspause (f)	मध्यान्तर (m)	madhyāntar
eine Kopie machen	कॉपी करना	kopī karana
vervielfältigen (vt)	ज़ीरोक्स करना	zīroks karana
ein Fax bekommen	फ़ैक्स मिलना	faiks milana
ein Fax senden	फ़ैक्स भेजना	faiks bhejana
anrufen (vt)	फ़ोन करना	fon karana

antworten (vi)	जवाब देना	javāb dena
verbinden (vt)	फ़ोन ट्रांस्फ़र करना	fon trānsfar karana
ausmachen (vt)	व्यवस्थित करना	vyavasthit karana
demonstrieren (vt)	प्रदर्शित करना	pradarshit karana
fehlen (am Arbeitsplatz ~)	अनुपस्थित होना	anupasthit hona
Abwesenheit (f)	अनुपस्थिती (f)	anupasthitī

70. Geschäftsabläufe. Teil 1

Angelegenheit (f)	पेशा (m)	pesha
Firma (f)	कम्पनी (f)	kampanī
Gesellschaft (f)	कम्पनी (f)	kampanī
Konzern (m)	निगम (m)	nigam
Unternehmen (n)	उद्योग (m)	udyog
Agentur (f)	एजेंसी (f)	ejensī
Vereinbarung (f)	समझौता (f)	samajhauta
Vertrag (m)	ठेका (m)	theka
Geschäft (Transaktion)	सौदा (f)	sauda
Auftrag (Bestellung)	आर्डर (m)	ārdar
Bedingung (f)	शर्तें (f)	sharten
en gros (im Großen)	थोक	thok
Großhandels-	थोक	thok
Großhandel (m)	थोक (m)	thok
Einzelhandels-	खुदरा	khudara
Einzelhandel (m)	खुदरा (m)	khudara
Konkurrent (m)	प्रतियोगी (m)	pratiyogī
Konkurrenz (f)	प्रतियोगिता (f)	pratiyogita
konkurrieren (vi)	प्रतियोगिता करना	pratiyogita karana
Partner (m)	सहयोगी (f)	sahayogī
Partnerschaft (f)	साझेदारी (f)	sājhedārī
Krise (f)	संकट (m)	sankat
Bankrott (m)	दिवाला (m)	divāla
Bankrott machen	दिवालिया हो जाना	divāliya ho jāna
Schwierigkeit (f)	कठिनाई (f)	kathinaī
Problem (n)	समस्या (f)	samasya
Katastrophe (f)	दुर्घटना (f)	durghatana
Wirtschaft (f)	अर्थशास्त्र (f)	arthashāstr
wirtschaftlich	आर्थिक	ārthik
Rezession (f)	अर्थिक गिरावट (f)	arthik girāvat
Ziel (n)	लक्ष्य (m)	lakshy
Aufgabe (f)	कार्य (m)	kāry
handeln (Handel treiben)	व्यापार करना	vyāpār karana
Netz (Verkaufs-)	जाल (m)	jāl
Lager (n)	गोदाम (m)	godām
Sortiment (n)	किस्म (m)	kism

führende Unternehmen (n)	लीडर (m)	līdar
groß (-e Firma)	विशाल	vishāl
Monopol (n)	एकाधिकार (m)	ekādhikār

Theorie (f)	सिद्धांत (f)	siddhānt
Praxis (f)	व्यवहार (f)	vyavahār
Erfahrung (f)	अनुभव (m)	anubhav
Tendenz (f)	प्रवृत्ति (f)	pravrtti
Entwicklung (f)	विकास (m)	vikās

71. Geschäftsabläufe. Teil 2

| Vorteil (m) | लाभ (f) | lābh |
| vorteilhaft | फ़ायदेमन्द | fāyademand |

Delegation (f)	प्रतिनिधिमंडल (f)	pratinidhimandal
Lohn (m)	आय (f)	āy
korrigieren (vt)	ठीक करना	thīk karana
Dienstreise (f)	व्यापारिक यात्रा (f)	vyāpārik yātra
Kommission (f)	आयोग (f)	āyog

kontrollieren (vt)	जांचना	jānchana
Konferenz (f)	सम्मेलन (m)	sammelan
Lizenz (f)	अनुज्ञप्ति (f)	anugyapti
zuverlässig	विश्वसनीय	vishvasanīy

Initiative (f)	पहल (f)	pahal
Norm (f)	मानक (m)	mānak
Umstand (m)	परिस्थिति (f)	paristhiti
Pflicht (f)	कर्तव्य (m)	kartavy

Unternehmen (n)	संगठन (f)	sangathan
Organisation (Prozess)	आयोजन (m)	āyojan
organisiert (Adj)	आयोजित	āyojit
Abschaffung (f)	निरस्तीकरण (m)	nirastīkaran
abschaffen (vt)	रद्द करना	radd karana
Bericht (m)	रिपोर्ट (m)	riport

Patent (n)	पेटेंट (m)	petent
patentieren (vt)	पेटेंट करना	petent karana
planen (vt)	योजना बनाना	yojana banāna

Prämie (f)	बोनस (m)	bonas
professionell	पेशेवर	peshevar
Prozedur (f)	प्रक्रिया (f)	prakriya

prüfen (Vertrag ~)	विचार करना	vichār karana
Berechnung (f)	हिसाब (m)	hisāb
Ruf (m)	प्रतिष्ठा (f)	pratishtha
Risiko (n)	जोखिम (m)	jokhim

leiten (vt)	प्रबंध करना	prabandh karana
Informationen (pl)	सूचना (f)	sūchana
Eigentum (n)	जायदाद (f)	jāyadād

Bund (m)	संघ (m)	sangh
Lebensversicherung (f)	जीवन-बीमा (m)	jīvan-bīma
versichern (vt)	बीमा करना	bīma karana
Versicherung (f)	बीमा (m)	bīma
Auktion (f)	नीलामी (m pl)	nīlāmī
benachrichtigen (vt)	जानकारी देना	jānakārī dena
Verwaltung (f)	प्रबंधन (m)	prabandhan
Dienst (m)	सेवा (f)	seva
Forum (n)	मंच (m)	manch
funktionieren (vi)	कार्य करना	kāry karana
Etappe (f)	चरण (m)	charan
juristisch	कानूनी	kānūnī
Jurist (m)	वकील (m)	vakīl

72. Fertigung. Arbeiten

Werk (n)	कारख़ाना (m)	kārakhāna
Fabrik (f)	कारख़ाना (m)	kārakhāna
Werkstatt (f)	वर्कशाप (m)	**varkashāp**
Betrieb (m)	उत्पादन स्थल (m)	utpādan sthal
Industrie (f)	उद्योग (m)	udyog
Industrie-	औद्योगिक	audyogik
Schwerindustrie (f)	भारी उद्योग (m)	bhārī udyog
Leichtindustrie (f)	हल्का उद्योग (m)	halka udyog
Produktion (f)	उत्पाद (m)	utpād
produzieren (vt)	उत्पादन करना	utpādan karana
Rohstoff (m)	कच्चा माल (m)	kachcha māl
Vorarbeiter (m), Meister (m)	फ़ोरमैन (m)	foramain
Arbeitsteam (n)	मज़दूर दल (m)	mazadūr dal
Arbeiter (m)	मज़दूर (m)	mazadūr
Arbeitstag (m)	कार्यदिवस (m)	kāryadivas
Pause (f)	अंतराल (m)	antarāl
Versammlung (f)	बैठक (f)	baithak
besprechen (vt)	चर्चा करना	charcha karana
Plan (m)	योजना (f)	yojana
den Plan erfüllen	योजना बनाना	yojana banāna
Arbeitsertrag (m)	उत्पादन दर (f)	utpādan dar
Qualität (f)	गुणवत्ता (m)	gunavatta
Prüfung, Kontrolle (f)	जाँच (f)	jānch
Gütekontrolle (f)	गुणवत्ता जाँच (f)	gunavatta jānch
Arbeitsplatzsicherheit (f)	कार्यस्थल सुरक्षा (f)	kāryasthal suraksha
Disziplin (f)	अनुशासन (m)	anushāsan
Übertretung (f)	उल्लंघन (m)	ullanghan
übertreten (vt)	उल्लंघन करना	ullanghan karana
Streik (m)	हड़ताल (f)	haratāl
Streikender (m)	हड़तालकारी (m)	haratālakārī

streiken (vi)	हड़ताल करना	haratāl karana
Gewerkschaft (f)	ट्रेड-यूनियन (m)	tred-yūniyan
erfinden (vt)	आविष्कार करना	āvishkār karana
Erfindung (f)	आविष्कार (m)	āvishkār
Erforschung (f)	अनुसंधान (f)	anusandhān
verbessern (vt)	सुधारना	sudhārana
Technologie (f)	प्रौद्योगिकी (f)	praudyogikī
technische Zeichnung (f)	तकनीकी चित्रकारी (f)	takanīkī chitrakārī
Ladung (f)	भार (m)	bhār
Ladearbeiter (m)	कुली (m)	kulī
laden (vt)	लादना	lādana
Beladung (f)	लादना (m)	lādana
entladen (vt)	सामान उतारना	sāmān utārana
Entladung (f)	उतारना	utārana
Transport (m)	परिवहन (m)	parivahan
Transportunternehmen (n)	परिवहन कम्पनी (f)	parivahan kampanī
transportieren (vt)	अपवाहन करना	apavāhan karana
Güterwagen (m)	माल गाड़ी (f)	māl gārī
Zisterne (f)	टैंकर (m)	tainkar
Lastkraftwagen (m)	ट्रक (m)	trak
Werkzeugmaschine (f)	मशीनी उपकरण (m)	mashīnī upakaran
Mechanismus (m)	यंत्र (m)	yantr
Industrieabfälle (pl)	औद्योगिक अवशेष (m)	audyogik avashesh
Verpacken (n)	पैकिंग (f)	paiking
verpacken (vt)	पैक करना	paik karana

73. Vertrag. Zustimmung

Vertrag (m), Auftrag (m)	ठेका (m)	theka
Vereinbarung (f)	समझौता (f)	samajhauta
Anhang (m)	परिशिष्ट (f)	parishisht
einen Vertrag abschließen	अनुबंध पर हस्ताक्षर करना	anubandh par hastākshar karana
Unterschrift (f)	हस्ताक्षर (m)	hastākshar
unterschreiben (vt)	हस्ताक्षर करना	hastākshar karana
Stempel (m)	सील (m)	sīl
Vertragsgegenstand (m)	अनुबंध की विषय-वस्तु (f)	anubandh kī vishay-vastu
Punkt (m)	धारा (f)	dhāra
Parteien (pl)	पार्टी (f)	pārtī
rechtmäßige Anschrift (f)	कानूनी पता (m)	kānūnī pata
Vertrag brechen	अनुबंध का उल्लंघन करना	anubandh ka ullanghan karana
Verpflichtung (f)	प्रतिबद्धता (f)	pratibaddhta
Verantwortlichkeit (f)	ज़िम्मेदारी (f)	zimmedārī
Force majeure (f)	अप्रत्याशित घटना (f)	apratyāshit ghatana

Streit (m)	विवाद (m)	vivād
Strafsanktionen (pl)	जुर्माना (m)	jurmāna

74. Import & Export

Import (m)	आयात (m)	āyāt
Importeur (m)	आयातकर्ता (m)	āyātakarta
importieren (vt)	आयात करना	āyāt karana
Import-	आयातित	āyātit
Exporteur (m)	निर्यातकर्ता (m)	niryātakarta
exportieren (vt)	निर्यात करना	niryāt karana
Waren (pl)	माल (m)	māl
Partie (f), Ladung (f)	प्रेषित माल (m)	preshit māl
Gewicht (n)	वज़न (m)	vazan
Volumen (n)	आयतन (m)	āyatan
Kubikmeter (m)	घन मीटर (m)	ghan mītar
Hersteller (m)	उत्पादक (m)	utpādak
Transportunternehmen (n)	वाहन कम्पनी (f)	vāhan kampanī
Container (m)	डिब्बा (m)	dibba
Grenze (f)	सीमा (f)	sīma
Zollamt (n)	सीमाशुल्क कार्यालय (f)	sīmāshulk kāryālay
Zoll (m)	सीमाशुल्क (m)	sīmāshulk
Zollbeamter (m)	सीमाशुल्क अधिकारी (m)	sīmāshulk adhikārī
Schmuggel (m)	तस्करी (f)	taskarī
Schmuggelware (f)	तस्करी का माल (m)	taskarī ka māl

75. Finanzen

Aktie (f)	शेयर (f)	sheyar
Obligation (f)	बॉंड (m)	bānd
Wechsel (m)	विनिमय पत्र (m)	vinimay patr
Börse (f)	स्टॉक मार्केट (m)	stok mārket
Aktienkurs (m)	शेयर का मूल्य (m)	sheyar ka mūly
billiger werden	मूल्य कम होना	mūly kam hona
teuer werden	मूल्य बढ़ जाना	mūly barh jāna
Mehrheitsbeteiligung (f)	नियंत्रण हित (f)	niyantran hit
Investitionen (pl)	निवेश (f)	nivesh
investieren (vt)	निवेश करना	nivesh karana
Prozent (n)	प्रतिशत (f)	pratishat
Zinsen (pl)	ब्याज (m pl)	byāj
Gewinn (m)	नफ़ा (m)	nafa
gewinnbringend	लाभदायक	lābhadāyak
Steuer (f)	कर (f)	kar

Währung (f)	मुद्रा (m)	mudra
Landes-	राष्ट्रीय	rāshtrīy
Geldumtausch (m)	विनिमय (m)	vinimay
Buchhalter (m)	लेखापाल (m)	lekhāpāl
Buchhaltung (f)	लेखा विभाग (m)	lekha vibhāg
Bankrott (m)	दिवाला (m)	divāla
Zusammenbruch (m)	वित्तीय पतन (m)	vittīy pattan
Pleite (f)	बरबादी (m)	barabādī
pleite gehen	आर्थिक रूप से बरबादी	ārthik rūp se barabādī
Inflation (f)	मुद्रास्फीति (f)	mudrāsfīti
Abwertung (f)	अवमूल्यन (m)	avamūlyan
Kapital (n)	पूँजी (f)	pūnjī
Einkommen (n)	आय (f)	āy
Umsatz (m)	कुल बिक्री (f)	kul bikrī
Mittel (Reserven)	वित्तीय संसाधन (m)	vittīy sansādhan
Geldmittel (pl)	मुद्रागत संसाधन (m)	mudrāgat sansādhan
reduzieren (vt)	कम करना	kam karana

76. Marketing

Marketing (n)	विपणन (m)	vipanan
Markt (m)	मंडी (f)	mandī
Marktsegment (n)	बाज़ार क्षेत्र (m)	bāzār kshetr
Produkt (n)	उत्पाद (m)	utpād
Waren (pl)	माल (m)	māl
Handelsmarke (f)	ट्रेड मार्क (m)	tred mārk
Firmenzeichen (n)	लोगोटाइप (m)	logotaip
Logo (n)	लोगो (m)	logo
Nachfrage (f)	मांग (f)	māng
Angebot (n)	आपूर्ति (f)	āpūrti
Bedürfnis (n)	ज़रूरत (f)	zarūrat
Verbraucher (m)	उपभोक्ता (m)	upabhokta
Analyse (f)	विश्लेषण (m)	vishleshan
analysieren (vt)	विश्लेषण करना	vishleshan karana
Positionierung (f)	स्थिति-निर्धारण (f)	sthiti-nirdhāran
positionieren (vt)	स्थिति-निर्धारण करना	sthiti-nirdhāran karana
Preis (m)	दाम (m)	dām
Preispolitik (f)	मूल्य निर्धारण नीति (f)	mūly nirdhāran nīti
Preisbildung (f)	मूल्य स्थापना (f)	mūly sthāpana

77. Werbung

Werbung (f)	विज्ञापन (m)	vigyāpan
werben (vt)	विज्ञापन देना	vigyāpan dena
Budget (n)	बजट (m)	bajat

Werbeanzeige (f)	विज्ञापन (m)	vigyāpan
Fernsehwerbung (f)	टीवी विज्ञापन (m)	tīvī vigyāpan
Radiowerbung (f)	रेडियो विज्ञापन (m)	rediyo vigyāpan
Außenwerbung (f)	बिलबोर्ड विज्ञापन (m)	bilabord vigyāpan
Massenmedien (pl)	जनसंपर्क माध्यम (m)	janasampark mādhyam
Zeitschrift (f)	पत्रिका (f)	patrika
Image (n)	सार्वजनिक छवि (f)	sārvajanik chhavi
Losung (f)	नारा (m)	nāra
Motto (n)	नारा (m)	nāra
Kampagne (f)	अभियान (m)	abhiyān
Werbekampagne (f)	विज्ञापन प्रचार (m)	vigyāpan prachār
Zielgruppe (f)	श्रोतागण (f)	shrotāgan
Visitenkarte (f)	बिज़नेस कार्ड (m)	bizanes kārd
Flugblatt (n)	पर्चा (f)	parcha
Broschüre (f)	ब्रोशर (m)	broshar
Faltblatt (n)	पर्चा (f)	parcha
Informationsblatt (n)	सूचनापत्र (m)	sūchanāpatr
Firmenschild (n)	नेमप्लेट (m)	nemaplet
Plakat (n)	पोस्टर (m)	postar
Werbeschild (n)	इश्तहार (m)	ishtahār

78. Bankgeschäft

Bank (f)	बैंक (m)	baink
Filiale (f)	शाखा (f)	shākha
Berater (m)	क्लर्क (m)	klark
Leiter (m)	मैनेजर (m)	mainejar
Konto (n)	बैंक खाता (m)	baink khāta
Kontonummer (f)	खाते का नम्बर (m)	khāte ka nambar
Kontokorrent (n)	चालू खाता (m)	chālū khāta
Sparkonto (n)	बचत खाता (m)	bachat khāta
ein Konto eröffnen	खाता खोलना	khāta kholana
das Konto schließen	खाता बंद करना	khāta band karana
einzahlen (vt)	खाते में जमा करना	khāte men jama karana
abheben (vt)	खाते से पैसा निकालना	khāte se paisa nikālana
Einzahlung (f)	जमा (m)	jama
eine Einzahlung machen	जमा करना	jama karana
Überweisung (f)	तार स्थानांतरण (m)	tār sthānāntaran
überweisen (vt)	पैसे स्थानांतरित करना	paise sthānāntarit karana
Summe (f)	रक़म (m)	raqam
Wieviel?	कितना?	kitana?
Unterschrift (f)	हस्ताक्षर (f)	hastākshar
unterschreiben (vt)	हस्ताक्षर करना	hastākshar karana

Kreditkarte (f)	क्रेडिट कार्ड (m)	kredit kārd
Code (m)	पिन कोड (m)	pin kod
Kreditkartennummer (f)	क्रेडिट कार्ड संख्या (f)	kredit kārd sankhya
Geldautomat (m)	एटीएम (m)	eṭīem
Scheck (m)	चेक (m)	chek
einen Scheck schreiben	चेक लिखना	chek likhana
Scheckbuch (n)	चेकबुक (f)	chekabuk
Darlehen (m)	उधार (m)	uthār
ein Darlehen beantragen	उधार के लिए आवेदन करना	udhār ke lie āvedan karana
ein Darlehen aufnehmen	उधार लेना	uthār lena
ein Darlehen geben	उधार देना	uthār dena
Sicherheit (f)	गारन्टी (f)	gārantī

79. Telefon. Telefongespräche

Telefon (n)	फ़ोन (m)	fon
Mobiltelefon (n)	मोबाइल फ़ोन (m)	mobail fon
Anrufbeantworter (m)	जवाबी मशीन (f)	javābī mashīn
anrufen (vt)	फ़ोन करना	fon karana
Anruf (m)	कॉल (m)	kol
eine Nummer wählen	नम्बर लगाना	nambar lagāna
Hallo!	हेलो!	helo!
fragen (vt)	पूछना	pūchhana
antworten (vi)	जवाब देना	javāb dena
hören (vt)	सुनना	sunana
gut (~ aussehen)	ठीक	thīk
schlecht (Adv)	ठीक नहीं	thīk nahin
Störungen (pl)	आवाज़ें (f)	āvāzen
Hörer (m)	रिसीवर (m)	risīvar
den Hörer abnehmen	फ़ोन उठाना	fon uthāna
auflegen (den Hörer ~)	फ़ोन रखना	fon rakhana
besetzt	बिज़ी	bizī
läuten (vi)	फ़ोन बजना	fon bajana
Telefonbuch (n)	टेलीफ़ोन बुक (m)	telīfon buk
Orts-	लोकल	lokal
Auslands-	अंतरराष्ट्रीय	antarrāshtrīy
Fern-	लंबी दूरी की कॉल	lambī dūrī kī kol

80. Mobiltelefon

Mobiltelefon (n)	मोबाइल फ़ोन (m)	mobail fon
Display (n)	डिस्प्ले (m)	disple
Knopf (m)	बटन (m)	batan
SIM-Karte (f)	सिम कार्ड (m)	sim kārd
Batterie (f)	बैटरी (f)	baitarī

leer sein (Batterie)	बैटरी डेड हो जाना	baitarī ded ho jāna
Ladegerät (n)	चार्जर (m)	chārjar
Menü (n)	मीनू (m)	mīnū
Einstellungen (pl)	सेटिंग्स (f)	setings
Melodie (f)	कॉलर ट्यून (m)	kolar tyūn
auswählen (vt)	चुनना	chunana
Rechner (m)	कैल्कुलैटर (m)	kailkulaitar
Anrufbeantworter (m)	वॉयस मेल (f)	voyas mel
Wecker (m)	अलार्म घड़ी (f)	alārm gharī
Kontakte (pl)	संपर्क (m)	sampark
SMS Nachricht (f)	एसएमएस (m)	esemes
Teilnehmer (m)	सदस्य (m)	sadasy

81. Bürobedarf

Kugelschreiber (m)	बॉल पेन (m)	bol pen
Federhalter (m)	फाउन्टेन पेन (m)	faunten pen
Bleistift (m)	पेंसिल (f)	pensil
Faserschreiber (m)	हाइलाइटर (m)	hailaitar
Filzstift (m)	फ़ेल्ट टिप पेन (m)	felt tip pen
Notizblock (m)	नोटबुक (m)	notabuk
Terminkalender (m)	डायरी (f)	dāyarī
Lineal (n)	स्केल (m)	skel
Rechner (m)	कैल्कुलेटर (m)	kailkuletar
Radiergummi (m)	रबड़ (f)	rabar
Reißzwecke (f)	थंबटैक (m)	thanrbataik
Heftklammer (f)	पेपर क्लिप (m)	pepar klip
Klebstoff (m)	गोंद (f)	gond
Hefter (m)	स्टेप्लर (m)	steplar
Locher (m)	होल पंचर (m)	hol panchar
Bleistiftspitzer (m)	शार्पनर (m)	shārpanar

82. Geschäftsarten

Buchführung (f)	लेखा सेवा (f)	lekha seva
Werbung (f)	विज्ञापन (m)	vigyāpan
Werbeagentur (f)	विज्ञापन एजन्सी (f)	vigyāpan ejansī
Klimaanlagen (pl)	वातानुकूलक सेवा (f)	vātānukūlak seva
Fluggesellschaft (f)	हवाई कम्पनी (f)	havaī kampanī
Spirituosen (pl)	मद्य पदार्थ (m)	mady padārth
Antiquitäten (pl)	पुरानी चीज़ें (f)	purānī chīzen
Kunstgalerie (f)	चित्रशाला (f)	chitrashāla
Rechnungsprüfung (f)	लेखापरीक्षा सेवा (f)	lekhāparīksha seva
Bankwesen (n)	बैंक (m)	baink

Bar (f)	बार (m)	bār
Schönheitssalon (m)	ब्यूटी पार्लर (m)	byūtī pārlar
Buchhandlung (f)	किताबों की दुकान (f)	kitābon kī dukān
Bierbrauerei (f)	शराब की भट्ठी (f)	sharāb kī bhaththī
Bürogebäude (n)	व्यापार केन्द्र (m)	vyāpār kendr
Business-Schule (f)	व्यापार विद्यालय (m)	vyāpār vidyālay
Kasino (n)	केसिनो (m)	kesino
Bau (m)	निर्माण (m)	nirmān
Beratung (f)	परामर्श सेवा (f)	parāmarsh seva
Stomatologie (f)	दंतचिकित्सा क्लिनिक (f)	dantachikitsa klinik
Design (n)	डिज़ाइन (m)	dizain
Apotheke (f)	दवाख़ाना (m)	davākhāna
chemische Reinigung (f)	ड्राइक्लीनिंग (f)	draiklīning
Personalagentur (f)	रोज़गार एजेंसी (f)	rozagār ejensī
Finanzdienstleistungen (pl)	वित्त सेवा (f)	vitt seva
Nahrungsmittel (pl)	खाद्य पदार्थ (m)	khādy padārth
Bestattungsinstitut (n)	शमशान घाट (m)	shamashān ghāt
Möbel (n)	फ़र्निचर (m)	farnichar
Kleidung (f)	पोशाक (m)	poshāk
Hotel (n)	होटल (m)	hotal
Eis (n)	आईसक्रीम (f)	āīsakrīm
Industrie (f)	उद्योग (m)	udyog
Versicherung (f)	बीमा (m)	bīma
Internet (n)	इन्टरनेट (m)	intaranet
Investitionen (pl)	निवेश (f)	nivesh
Juwelier (m)	सुनार (m)	sunār
Juwelierwaren (pl)	आभूषण (m)	ābhūshan
Wäscherei (f)	धोबीघर (m)	dhobīghar
Rechtsberatung (f)	कानूनी सलाह (f)	kānūnī salāh
Leichtindustrie (f)	हल्को उद्योग (m)	halka udyog
Zeitschrift (f)	पत्रिका (f)	patrika
Versandhandel (m)	मेल-ऑर्डर विक्रय (m)	mel-ordar vikray
Medizin (f)	औषधि (f)	aushadhi
Kino (Filmtheater)	सिनेमाघर (m)	sinemāghar
Museum (n)	संग्रहालय (m)	sangrahālay
Nachrichtenagentur (f)	सूचना केन्द्र (m)	sūchana kendr
Zeitung (f)	अख़बार (m)	akhabār
Nachtklub (m)	नाइट क्लब (m)	nait klab
Erdöl (n)	पेट्रोलियम (m)	petroliyam
Kurierdienst (m)	कुरियर सेवा (f)	kuriyar seva
Pharmaindustrie (f)	औषधि (f)	aushadhi
Druckindustrie (f)	छपाई (m)	chhapaī
Verlag (m)	प्रकाशन गृह (m)	prakāshan grh
Rundfunk (m)	रेडियो (m)	rediyo
Immobilien (pl)	अचल संपत्ति (f)	achal sampatti
Restaurant (n)	रेस्टरौं (m)	restarān
Sicherheitsagentur (f)	सुरक्षा एजेंसी (f)	suraksha ejensī

Sport (m)	क्रीड़ा (f)	krīra
Börse (f)	स्टॉक मार्केट (m)	stok mārket
Laden (m)	दुकान (f)	dukān
Supermarkt (m)	सुपर बाज़ार (m)	supar bāzār
Schwimmbad (n)	तरण-ताल (m)	taran-tāl
Atelier (n)	दर्ज़ी (m)	darzī
Fernsehen (n)	टीवी (m)	tīvī
Theater (n)	रंगमंच (m)	rangamanch
Handel (m)	व्यापार (m)	vyāpār
Transporte (pl)	परिवहन (m)	parivahan
Reisen (pl)	पर्यटन (m)	paryatan
Tierarzt (m)	पशुचिकित्सक (m)	pashuchikitsak
Warenlager (n)	भंडार (m)	bhandār
Müllabfuhr (f)	कूड़ा उठाने की सेवा (f)	kūra uthāne kī seva

Arbeit. Geschäft. Teil 2

83. Show. Ausstellung

Ausstellung (f)	प्रदर्शनी (f)	pradarshanī
Handelsausstellung (f)	व्यापारिक प्रदर्शनी (f)	vyāpārik pradarshanī

Teilnahme (f)	शिरकत (f)	shirakat
teilnehmen (vi)	भाग लेना	bhāg lena
Teilnehmer (m)	प्रतिभागी (m)	pratibhāgī

Direktor (m)	निदेशक (m)	nideshak
Messeverwaltung (f)	आयोजकों का कार्यालय (m)	āyojakon ka kāryālay
Organisator (m)	आयोजक (m)	āyojak
veranstalten (vt)	आयोजित करना	āyojit karana

Anmeldeformular (n)	प्रतिभागी प्रपत्र (m)	pratibhāgī prapatr
ausfüllen (vt)	भरना	bharana
Details (pl)	विवरण (m)	vivaran
Information (f)	जानकारी (f)	jānakārī

Preis (m)	दाम (m)	dām
einschließlich	सहित	sahit
einschließen (vt)	शामिल करना	shāmil karana
zahlen (vt)	दाम चुकाना	dām chukāna
Anmeldegebühr (f)	पंजीकरण शुल्क (f)	panjīkaran shulk

Eingang (m)	प्रवेश (m)	pravesh
Pavillon (m)	हॉल (m)	hol
registrieren (vt)	पंजीकरण करवाना	panjīkaran karavāna
Namensschild (n)	बैज (f)	baij

Stand (m)	स्टेंड (m)	stend
reservieren (vt)	बुक करना	buk karana

Vitrine (f)	प्रदर्शन खिड़की (f)	pradarshan khirakī
Strahler (m)	स्पॉटलाइट (f)	spotalait
Design (n)	डिज़ाइन (m)	dizain
stellen (vt)	रखना	rakhana

Distributor (m)	वितरक (m)	vitarak
Lieferant (m)	आपूर्तिकर्ता (m)	āpūrtikarta

Land (n)	देश (m)	desh
ausländisch	विदेश	videsh
Produkt (n)	उत्पाद (m)	utpād

Assoziation (f)	संस्था (f)	sanstha
Konferenzraum (m)	सम्मेलन भवन (m)	sammelan bhavan
Kongress (m)	सम्मेलन (m)	sammelan

Wettbewerb (m)	प्रतियोगिता (f)	pratiyogita
Besucher (m)	सहभागी (m)	sahabhāgī
besuchen (vt)	भाग लेना	bhāg lena
Auftraggeber (m)	ग्राहक (m)	grāhak

84. Wissenschaft. Forschung. Wissenschaftler

Wissenschaft (f)	विज्ञान (m)	vigyān
wissenschaftlich	वैज्ञानिक	vaigyānik
Wissenschaftler (m)	वैज्ञानिक (m)	vaigyānik
Theorie (f)	सिद्धांत (f)	siddhant
Axiom (n)	सिद्ध प्रमाण (m)	siddh pramān
Analyse (f)	विश्लेषण (m)	vishleshan
analysieren (vt)	विश्लेषण करना	vishleshan karana
Argument (n)	तथ्य (m)	tathy
Substanz (f)	पदार्थ (m)	padārth
Hypothese (f)	परिकल्पना (f)	parikalpana
Dilemma (n)	दुविधा (m)	duvidha
Dissertation (f)	शोधनिबंध (m)	shodhanibandh
Dogma (n)	हठधर्मिता (f)	hathadharmita
Doktrin (f)	सिद्धांत (m)	siddhānt
Forschung (f)	शोध (m)	shodh
forschen (vi)	शोध करना	shodh karana
Kontrolle (f)	जांच (f)	jānch
Labor (n)	प्रयोगशाला (f)	prayogashāla
Methode (f)	वीधि (f)	vīdhi
Molekül (n)	अणु (m)	anu
Monitoring (n)	निगरानी (f)	nigarānī
Entdeckung (f)	आविष्कार (m)	āvishkār
Postulat (n)	स्वसिद्ध (m)	svasiddh
Prinzip (n)	सिद्धांत (m)	siddhānt
Prognose (f)	पूर्वानुमान (m)	pūrvānumān
prognostizieren (vt)	पूर्वानुमान करना	pūrvānumān karana
Synthese (f)	संश्लेषण (m)	sanshleshan
Tendenz (f)	प्रवृति (f)	pravrtti
Theorem (n)	प्रमेय (m)	pramey
Lehre (Doktrin)	शिक्षा (f)	shiksha
Tatsache (f)	तथ्य (m)	tathy
Expedition (f)	अभियान (m)	abhiyān
Experiment (n)	प्रयोग (m)	prayog
Akademiemitglied (n)	अकदमीशियन (m)	akadamīshiyan
Bachelor (m)	स्नातक (m)	snātak
Doktor (m)	डॉक्टर (m)	doktar
Dozent (m)	सह - प्राध्यापक (m)	sah - prādhyāpak
Magister (m)	स्नातकोत्तर (m)	snātakottar
Professor (m)	प्रोफ़ेसर (m)	profesar

Berufe und Tätigkeiten

85. Arbeitsuche. Kündigung

Arbeit (f), Stelle (f)	नौकरी (f)	naukarī
Personal (n)	कर्मचारी (m)	karmachārī
Karriere (f)	व्यवसाय (m)	vyavasāy
Perspektive (f)	संभावना (f)	sambhāvana
Können (n)	हुनर (m)	hunar
Auswahl (f)	चुनाव (m)	chunāv
Personalagentur (f)	रोज़गार केन्द्र (m)	rozagār kendr
Lebenslauf (m)	रेज़्यूम (m)	rijyūm
Vorstellungsgespräch (n)	नौकरी के लिए साक्षात्कार (m)	naukarī ke lie sākshātkār
Vakanz (f)	रिक्ति (f)	rikti
Gehalt (n)	वेतन (m)	vetan
festes Gehalt (n)	वेतन (m)	vetan
Arbeitslohn (m)	भुगतान (m)	bhugatān
Stellung (f)	पद (m)	pad
Pflicht (f)	कर्तव्य (m)	kartavy
Aufgabenspektrum (n)	कार्य-क्षेत्र (m)	kāry-kshetr
beschäftigt	व्यस्त	vyast
kündigen (vt)	बरख़ास्त करना	barakhāst karana
Kündigung (f)	बरख़ास्तगी (f)	barakhāstagī
Arbeitslosigkeit (f)	बेरोज़गारी (f)	berozagārī
Arbeitslose (m)	बेरोज़गार (m)	berozagār
Rente (f), Ruhestand (m)	सेवा-निवृत्ति (f)	seva-nivrtti
in Rente gehen	सेवा-निवृत्त होना	seva-nivrtt hona

86. Geschäftsleute

Direktor (m)	निदेशक (m)	nideshak
Leiter (m)	प्रबंधक (m)	prabandhak
Boss (m)	मालिक (m)	mālik
Vorgesetzte (m)	वरिष्ठ अधिकारी (m)	varishth adhikārī
Vorgesetzten (pl)	वरिष्ठ अधिकारी (m)	varishth adhikārī
Präsident (m)	अध्यक्ष (m)	adhyaksh
Vorsitzende (m)	सभाध्यक्ष (m)	sabhādhyaksh
Stellvertreter (m)	उपाध्यक्ष (m)	upādhyaksh
Helfer (m)	सहायक (m)	sahāyak

Sekretär (m)	सेक्रटरी (f)	sekratarī
Privatsekretär (m)	निजी सहायक (m)	nijī sahāyak
Geschäftsmann (m)	व्यापारी (m)	vyāpārī
Unternehmer (m)	उद्यमी (m)	udyamī
Gründer (m)	संस्थापक (m)	sansthāpak
gründen (vt)	स्थापित करना	sthāpit karana
Gründungsmitglied (n)	स्थापक (m)	sthāpak
Partner (m)	पार्टनर (m)	pārtanar
Aktionär (m)	शेयर होलडर (m)	sheyar holadar
Millionär (m)	लखपति (m)	lakhapati
Milliardär (m)	करोड़पति (m)	karorapati
Besitzer (m)	मालिक (m)	mālik
Landbesitzer (m)	ज़मीनदार (m)	zamīnadār
Kunde (m)	ग्राहक (m)	grāhak
Stammkunde (m)	खरीदार (m)	kharīdār
Käufer (m)	ग्राहक (m)	grāhak
Besucher (m)	आगंतुक (m)	āgantuk
Fachmann (m)	पेशेवर (m)	peshevar
Experte (m)	विशेषज्ञ (m)	visheshagy
Spezialist (m)	विशेषज्ञ (m)	visheshagy
Bankier (m)	बैंकर (m)	bainkar
Makler (m)	ब्रोकर (m)	brokar
Kassierer (m)	कैशियर (m)	kaishiyar
Buchhalter (m)	लेखापाल (m)	lekhāpāl
Wächter (m)	पहरेदार (m)	paharedār
Investor (m)	निवेशक (m)	niveshak
Schuldner (m)	क़र्ज़दार (m)	qarzadār
Gläubiger (m)	लेनदार (m)	lenadār
Kreditnehmer (m)	क़र्ज़दार (m)	karzadār
Importeur (m)	आयातकर्ता (m)	āyātakartta
Exporteur (m)	निर्यातकर्ता (m)	niryātakartta
Hersteller (m)	उत्पादक (m)	utpādak
Distributor (m)	वितरक (m)	vitarak
Vermittler (m)	बिचौलिया (m)	bichauliya
Berater (m)	सलाहकार (m)	salāhakār
Vertreter (m)	बिक्री प्रतिनिधि (m)	bikrī pratinidhi
Agent (m)	एजेंट (m)	ejent
Versicherungsagent (m)	बीमा एजन्ट (m)	bīma ejant

87. Dienstleistungsberufe

Koch (m)	बावरची (m)	bāvarachī
Chefkoch (m)	मुख्य बावरची (m)	mukhy bāvarachī
Bäcker (m)	बेकर (m)	bekar

Barmixer (m)	बारेटेन्डर (m)	bāretendar
Kellner (m)	बैरा (m)	baira
Kellnerin (f)	बैरा (f)	baira

Rechtsanwalt (m)	वकील (m)	vakīl
Jurist (m)	वकील (m)	vakīl
Notar (m)	नोटरी (m)	notarī

Elektriker (m)	बिजलीवाला (m)	bijalīvāla
Klempner (m)	प्लम्बर (m)	plambar
Zimmermann (m)	बढ़ई (m)	barhī

Masseur (m)	मालिशिया (m)	mālishiya
Masseurin (f)	मालिशिया (m)	mālishiya
Arzt (m)	चिकित्सक (m)	chikitsak

Taxifahrer (m)	टैक्सीवाला (m)	taiksīvāla
Fahrer (m)	ड्राइवर (m)	draivar
Ausfahrer (m)	कूरियर (m)	kūriyar

Zimmermädchen (n)	चैम्बरमेड (f)	chaimbaramed
Wächter (m)	पहरेदार (m)	paharedār
Flugbegleiterin (f)	एयर होस्टेस (f)	eyar hostes

Lehrer (m)	शिक्षक (m)	shikshak
Bibliothekar (m)	पुस्तकाध्यक्ष (m)	pustakādhyaksh
Übersetzer (m)	अनुवादक (m)	anuvādak
Dolmetscher (m)	दुभाषिया (m)	dubhāshiya
Fremdenführer (m)	गाइड (m)	gaid

Friseur (m)	नाई (m)	naī
Briefträger (m)	डाकिया (m)	dākiya
Verkäufer (m)	विक्रेता (m)	vikreta

Gärtner (m)	माली (m)	mālī
Diener (m)	नौकर (m)	naukar
Magd (f)	नौकरानी (f)	naukarānī
Putzfrau (f)	सफ़ाईवाली (f)	safaīvālī

88. Militärdienst und Ränge

einfacher Soldat (m)	सैनिक (m)	sainik
Feldwebel (m)	सार्जेंट (m)	sārjent
Leutnant (m)	लेफ्टिनेंट (m)	leftinent
Hauptmann (m)	कैप्टन (m)	kaiptan

Major (m)	मेजर (m)	mejar
Oberst (m)	कर्नल (m)	karnal
General (m)	जनरल (m)	janaral
Marschall (m)	मार्शल (m)	mārshal
Admiral (m)	एडमिरल (m)	edamiral

| Militärperson (f) | सैनिक (m) | sainik |
| Soldat (m) | सिपाही (m) | sipāhī |

Offizier (m)	अफ़्सर (m)	afsar
Kommandeur (m)	कमांडर (m)	kamāndar
Grenzsoldat (m)	सीमा रक्षक (m)	sīma rakshak
Funker (m)	रेडियो ऑपरेटर (m)	rediyo oparetar
Aufklärer (m)	गुप्तचर (m)	guptachar
Pionier (m)	युद्ध इंजीनियर (m)	yuddh injīniyar
Schütze (m)	तीरंदाज़ (m)	tīrandāz
Steuermann (m)	नैवीगेटर (m)	naivīgetar

89. Beamte. Priester

König (m)	बादशाह (m)	bādashāh
Königin (f)	महारानी (f)	mahārānī
Prinz (m)	राजकुमार (m)	rājakumār
Prinzessin (f)	राजकुमारी (f)	rājakumārī
Zar (m)	राजा (m)	rāja
Zarin (f)	रानी (f)	rānī
Präsident (m)	राष्ट्रपति (m)	rāshtrapati
Minister (m)	मंत्री (m)	mantrī
Ministerpräsident (m)	प्रधान मंत्री (m)	pradhān mantrī
Senator (m)	सांसद (m)	sānsad
Diplomat (m)	राजनयिक (m)	rājanayik
Konsul (m)	राजनयिक (m)	rājanayik
Botschafter (m)	राजदूत (m)	rājadūt
Ratgeber (m)	राजनयिक परामर्शदाता (m)	rājanayik parāmarshadāta
Beamte (m)	अधिकारी (m)	adhikārī
Präfekt (m)	अधिकारी (m)	adhikārī
Bürgermeister (m)	मेयर (m)	meyar
Richter (m)	न्यायाधीश (m)	nyāyādhīsh
Staatsanwalt (m)	अभियोक्ता (m)	abhiyokta
Missionar (m)	पादरी (m)	pādarī
Mönch (m)	मठवासी (m)	mathavāsī
Abt (m)	मठाधीश (m)	mathādhīsh
Rabbiner (m)	रब्बी (m)	rabbī
Wesir (m)	वज़ीर (m)	vazīr
Schah (n)	शाह (m)	shāh
Scheich (m)	शेख़ (m)	shekh

90. Landwirtschaftliche Berufe

Bienenzüchter (m)	मधुमक्खी-पालक (m)	madhumakkhī-pālak
Hirt (m)	चरवाहा (m)	charavāha
Agronom (m)	कृषिविज्ञानी (m)	krshivigyānī
Viehzüchter (m)	पशुपालक (m)	pashupālak

Tierarzt (m)	पशुचिकित्सक (m)	pashuchikitsak
Farmer (m)	किसान (m)	kisān
Winzer (m)	मदिराकारी (m)	madirākārī
Zoologe (m)	जीव विज्ञानी (m)	jīv vigyānī
Cowboy (m)	चरवाहा (m)	charavāha

91. Künstler

Schauspieler (m)	अभिनेता (m)	abhineta
Schauspielerin (f)	अभिनेत्री (f)	abhinetrī
Sänger (m)	गायक (m)	gāyak
Sängerin (f)	गायिका (f)	gāyika
Tänzer (m)	नर्तक (m)	nartak
Tänzerin (f)	नर्तकी (f)	nartakī
Künstler (m)	अदाकार (m)	adākār
Künstlerin (f)	अदाकारा (f)	adākāra
Musiker (m)	साज़िन्दा (m)	sāzinda
Pianist (m)	पियानो वादक (m)	piyāno vādak
Gitarrist (m)	गिटार वादक (m)	gitār vādak
Dirigent (m)	बैंड कंडक्टर (m)	baind kandaktar
Komponist (m)	संगीतकार (m)	sangītakār
Manager (m)	इम्प्रेसारियो (m)	impresāriyo
Regisseur (m)	निर्देशक (m)	nirdeshak
Produzent (m)	प्रोड्यूसर (m)	prodyūsar
Drehbuchautor (m)	लेखक (m)	lekhak
Kritiker (m)	आलोचक (m)	ālochak
Schriftsteller (m)	लेखक (m)	lekhak
Dichter (m)	कवि (m)	kavi
Bildhauer (m)	मूर्तिकार (m)	mūrtikār
Maler (m)	चित्रकार (m)	chitrakār
Jongleur (m)	बाज़ीगर (m)	bāzīgar
Clown (m)	जोकर (m)	jokar
Akrobat (m)	कलाबाज़ (m)	kalābāz
Zauberkünstler (m)	जादूगर (m)	jādūgar

92. Verschiedene Berufe

Arzt (m)	चिकित्सक (m)	chikitsak
Krankenschwester (f)	नर्स (m)	nars
Psychiater (m)	मनोचिकित्सक (m)	manochikitsak
Zahnarzt (m)	दंतचिकित्सक (m)	dantachikitsak
Chirurg (m)	शल्य-चिकित्सक (m)	shaly-chikitsak
Astronaut (m)	अंतरिक्षयात्री (m)	antarikshayātrī

Astronom (m)	खगोल-विज्ञानी (m)	khagol-vigyānī
Pilot (m)	पाइलट (m)	pailat
Fahrer (Taxi-)	ड्राइवर (m)	draivar
Lokomotivführer (m)	इंजन ड्राइवर (m)	injan draivar
Mechaniker (m)	मैकेनिक (m)	maikenik
Bergarbeiter (m)	खनिक (m)	khanik
Arbeiter (m)	मज़दूर (m)	mazadūr
Schlosser (m)	ताला बनानेवाला (m)	tāla banānevāla
Tischler (m)	बढ़ई (m)	barhī
Dreher (m)	खरादी (m)	kharādī
Bauarbeiter (m)	मज़दूर (m)	mazūdar
Schweißer (m)	वेल्डर (m)	veldar
Professor (m)	प्रोफ़ेसर (m)	profesar
Architekt (m)	वास्तुकार (m)	vāstukār
Historiker (m)	इतिहासकार (m)	itihāsakār
Wissenschaftler (m)	वैज्ञानिक (m)	vaigyānik
Physiker (m)	भौतिक विज्ञानी (m)	bhautik vigyānī
Chemiker (m)	रसायनविज्ञानी (m)	rasāyanavigyānī
Archäologe (m)	पुरातत्वविद (m)	purātatvavid
Geologe (m)	भूविज्ञानी (m)	bhūvigyānī
Forscher (m)	शोधकर्ता (m)	shodhakarta
Kinderfrau (f)	दाई (f)	daī
Lehrer (m)	शिक्षक (m)	shikshak
Redakteur (m)	संपादक (m)	sampādak
Chefredakteur (m)	मुख्य संपादक (m)	mūkhy sampādak
Korrespondent (m)	पत्रकार (m)	patrakār
Schreibkraft (f)	टाइपिस्ट (f)	taipist
Designer (m)	डिज़ाइनर (m)	dizainar
Computerspezialist (m)	कंप्यूटर विशेषज्ञ (m)	kampyūtar visheshagy
Programmierer (m)	प्रोग्रामर (m)	prográmar
Ingenieur (m)	इंजीनियर (m)	injīniyar
Seemann (m)	मल्लाह (m)	mallāh
Matrose (m)	मल्लाह (m)	mallāh
Retter (m)	बचानेवाला (m)	bachānevāla
Feuerwehrmann (m)	दमकल कर्मचारी (m)	damakal karmachārī
Polizist (m)	पुलिसवाला (m)	pulisavāla
Nachtwächter (m)	पहरेदार (m)	paharedār
Detektiv (m)	जासूस (m)	jāsūs
Zollbeamter (m)	सीमाशुल्क अधिकारी (m)	sīmāshulk adhikārī
Leibwächter (m)	अंगरक्षक (m)	angarakshak
Gefängniswärter (m)	जेल का पहरेदार (m)	jel ka paharedār
Inspektor (m)	अधीक्षक (m)	adhīkshak
Sportler (m)	खिलाड़ी (m)	khilārī
Trainer (m)	प्रशिक्षक (m)	prashikshak
Fleischer (m)	कसाई (m)	kasāī
Schuster (m)	मोची (m)	mochī

Geschäftsmann (m)	व्यापारी (m)	vyāpārī
Ladearbeiter (m)	कुली (m)	kulī
Modedesigner (m)	फ़ैशन डिज़ाइनर (m)	faishan dizainar
Modell (n)	मॉडल (m)	modal

93. Beschäftigung. Sozialstatus

| Schüler (m) | छात्र (m) | chhātr |
| Student (m) | विद्यार्थी (m) | vidyārthī |

Philosoph (m)	दर्शनशास्त्री (m)	darshanashāstrī
Ökonom (m)	अर्थशास्त्री (m)	arthashāstrī
Erfinder (m)	आविष्कारक (m)	āvishkārak

Arbeitslose (m)	बेरोज़गार (m)	berozagār
Rentner (m)	सेवा-निवृत्त (m)	seva-nivrtt
Spion (m)	गुप्तचर (m)	guptachar

Gefangene (m)	क़ैदी (m)	qaidī
Streikender (m)	हड़तालकारी (m)	haratālakārī
Bürokrat (m)	अफ़सरशाह (m)	afasarashāh
Reisende (m)	यात्री (m)	yātrī

| Homosexuelle (m) | समलैंगिक (m) | samalaingik |
| Hacker (m) | हैकर (m) | haikar |

Bandit (m)	डाकू (m)	dākū
Killer (m)	हत्यारा (m)	hatyāra
Drogenabhängiger (m)	नशेबाज़ (m)	nashebāz
Drogenhändler (m)	नशीली दवाओं का विक्रेता (m)	nashīlī davaon ka vikreta
Prostituierte (f)	वैश्या (f)	vaishya
Zuhälter (m)	दलाल (m)	dalāl

Zauberer (m)	जादूगर (m)	jādūgar
Zauberin (f)	डायन (f)	dāyan
Seeräuber (m)	समुद्री लुटेरा (m)	samudrī lūtera
Sklave (m)	दास (m)	dās
Samurai (m)	सामुराई (m)	sāmuraī
Wilde (m)	जंगली (m)	jangalī

Ausbildung

94. Schule

Schule (f)	पाठशाला (m)	pāthashāla
Schulleiter (m)	प्रिंसिपल (m)	prinsipal
Schüler (m)	छात्र (m)	chhātr
Schülerin (f)	छात्रा (f)	chhātra
Schuljunge (m)	छात्र (m)	chhātr
Schulmädchen (f)	छात्रा (f)	chhātra
lehren (vt)	पढ़ाना	parhāna
lernen (Englisch ~)	पढ़ना	parhana
auswendig lernen	याद करना	yād karana
lernen (vi)	सीखना	sīkhana
in der Schule sein	स्कूल में पढ़ना	skūl men parhana
die Schule besuchen	स्कूल जाना	skūl jāna
Alphabet (n)	वर्णमाला (f)	varnamāla
Fach (n)	विषय (m)	vishay
Klassenraum (m)	कक्षा (f)	kaksha
Stunde (f)	पाठ (m)	pāth
Pause (f)	अंतराल (m)	antarāl
Schulglocke (f)	स्कूल की घंटी (f)	skūl kī ghantī
Schulbank (f)	बेंच (f)	bench
Tafel (f)	चॉकबोर्ड (m)	chokabord
Note (f)	अंक (m)	ank
gute Note (f)	अच्छे अंक (m)	achchhe ank
schlechte Note (f)	कम अंक (m)	kam ank
eine Note geben	मार्क्स देना	mārks dena
Fehler (m)	ग़लती (f)	galatī
Fehler machen	ग़लती करना	galatī karana
korrigieren (vt)	ठीक करना	thīk karana
Spickzettel (m)	कुंजी (f)	kunjī
Hausaufgabe (f)	गृहकार्य (m)	grhakāry
Übung (f)	अभ्यास (m)	abhyās
anwesend sein	उपस्थित होना	upasthit hona
fehlen (in der Schule ~)	अनुपस्थित होना	anupasthit hona
bestrafen (vt)	सज़ा देना	saza dena
Strafe (f)	सज़ा	saza
Benehmen (n)	बरताव (m)	baratāv
Zeugnis (n)	रिपोर्ट कार्ड (f)	riport kārd

Bleistift (m)	पेंसिल (f)	pensil
Radiergummi (m)	रबड़ (f)	rabar
Kreide (f)	चॉक (m)	chok
Federkasten (m)	पेंसिल का डिब्बा (m)	pensil ka dibba
Schulranzen (m)	बस्ता (m)	basta
Kugelschreiber, Stift (m)	कलम (m)	kalam
Heft (n)	कॉपी (f)	kopī
Lehrbuch (n)	पाठ्यपुस्तक (f)	pāthyapustak
Zirkel (m)	कंपास (m)	kampās
zeichnen (vt)	तकनीकी चित्रकारी बनाना	takanīkī chitrakārī banāna
Zeichnung (f)	तकनीकी चित्रकारी (f)	takanīkī chitrakārī
Gedicht (n)	कविता (f)	kavita
auswendig (Adv)	रटकर	ratakar
auswendig lernen	याद करना	yād karana
Ferien (pl)	छुट्टियाँ (f pl)	chhuttiyān
in den Ferien sein	छुट्टी पर होना	chhuttī par hona
Test (m), Prüfung (f)	परीक्षा (f)	parīksha
Aufsatz (m)	रचना (f)	rachana
Diktat (n)	श्रुतलेख (m)	shrutalekh
Prüfung (f)	परीक्षा (f)	parīksha
Prüfungen ablegen	परीक्षा देना	parīksha dena
Experiment (n)	परीक्षण (m)	parīkshan

95. Hochschule. Universität

Akademie (f)	अकादमी (f)	akādamī
Universität (f)	विश्वविद्यालय (m)	vishvavidyālay
Fakultät (f)	संकाय (f)	sankāy
Student (m)	छात्र (m)	chhātr
Studentin (f)	छात्रा (f)	chhātra
Lehrer (m)	अध्यापक (m)	adhyāpak
Hörsaal (m)	व्याख्यान कक्ष (m)	vyākhyān kaksh
Hochschulabsolvent (m)	स्नातक (m)	snātak
Diplom (n)	डिप्लोमा (m)	diploma
Dissertation (f)	शोधनिबंध (m)	shodhanibandh
Forschung (f)	अध्ययन (m)	adhyayan
Labor (n)	प्रयोगशाला (f)	prayogashāla
Vorlesung (f)	व्याख्यान (f)	vyākhyān
Kommilitone (m)	सहपाठी (m)	sahapāthī
Stipendium (n)	छात्रवृत्ति (f)	chhātravrtti
akademischer Grad (m)	शैक्षणिक डिग्री (f)	shaikshanik digrī

96. Naturwissenschaften. Fächer

Mathematik (f)	गणितशास्त्र (m)	ganitashāstr
Algebra (f)	बीजगणित (m)	bījaganit
Geometrie (f)	रेखागणित (m)	rekhāganit
Astronomie (f)	खगोलवैज्ञान (m)	khagolavaigyān
Biologie (f)	जीवविज्ञान (m)	jīvavigyān
Erdkunde (f)	भूगोल (m)	bhūgol
Geologie (f)	भूविज्ञान (m)	bhūvigyān
Geschichte (f)	इतिहास (m)	itihās
Medizin (f)	चिकित्सा (m)	chikitsa
Pädagogik (f)	शिक्षाविज्ञान (m)	shikshāvigyān
Recht (n)	कानून (m)	kānūn
Physik (f)	भौतिकविज्ञान (m)	bhautikavigyān
Chemie (f)	रसायन (m)	rasāyan
Philosophie (f)	दर्शनशास्त्र (m)	darshanashāstr
Psychologie (f)	मनोविज्ञान (m)	manovigyān

97. Schrift Rechtschreibung

Grammatik (f)	व्याकरण (m)	vyākaran
Lexik (f)	शब्दावली (f)	shabdāvalī
Phonetik (f)	स्वरविज्ञान (m)	svaravigyān
Substantiv (n)	संज्ञा (f)	sangya
Adjektiv (n)	विशेषण (m)	visheshan
Verb (n)	क्रिया (m)	kriya
Adverb (n)	क्रिया विशेषण (f)	kriya visheshan
Pronomen (n)	सर्वनाम (m)	sarvanām
Interjektion (f)	विस्मयादिबोधक (m)	vismayādibodhak
Präposition (f)	पूर्वसर्ग (m)	pūrvasarg
Wurzel (f)	मूल शब्द (m)	mūl shabd
Endung (f)	अन्त्याक्षर (m)	antyākshar
Vorsilbe (f)	उपसर्ग (m)	upasarg
Silbe (f)	अक्षर (m)	akshar
Suffix (n), Nachsilbe (f)	प्रत्यय (m)	pratyay
Betonung (f)	बल चिह्न (m)	bal chihn
Apostroph (m)	वर्णलोप चिह्न (m)	varnalop chihn
Punkt (m)	पूर्णविराम (m)	pūrnavirām
Komma (n)	उपविराम (m)	upavirām
Semikolon (n)	अर्धविराम (m)	ardhavirām
Doppelpunkt (m)	कोलन (m)	kolan
Auslassungspunkte (pl)	तीन बिन्दु (m)	tīn bindu
Fragezeichen (n)	प्रश्न चिह्न (m)	prashn chihn
Ausrufezeichen (n)	विस्मयादिबोधक चिह्न (m)	vismayādibodhak chihn

Anführungszeichen (pl)	उद्धरण चिह्न (m)	uddharan chihn
in Anführungszeichen	उद्धरण चिह्न में	uddharan chihn men
runde Klammern (pl)	कोष्ठक (m pl)	koshthak
in Klammern	कोष्ठक में	koshthak men
Bindestrich (m)	हाइफन (m)	haifan
Gedankenstrich (m)	डैश (m)	daish
Leerzeichen (n)	रिक्त स्थान (m)	rikt sthān
Buchstabe (m)	अक्षर (m)	akshar
Großbuchstabe (m)	बड़ा अक्षर (m)	bara akshar
Vokal (m)	स्वर (m)	svar
Konsonant (m)	समस्वर (m)	samasvar
Satz (m)	वाक्य (m)	vāky
Subjekt (n)	कर्ता (m)	kartta
Prädikat (n)	विधेय (m)	vidhey
Zeile (f)	पंक्ति (f)	pankti
in einer neuen Zeile	नई पंक्ति पर	naī pankti par
Absatz (m)	अनुच्छेद (m)	anuchchhed
Wort (n)	शब्द (m)	shabd
Wortverbindung (f)	शब्दों का समूह (m)	shabdon ka samūh
Redensart (f)	अभिव्यक्ति (f)	abhivyakti
Synonym (n)	समनार्थक शब्द (m)	samanārthak shabd
Antonym (n)	विपरीतार्थी शब्द (m)	viparītārthī shabd
Regel (f)	नियम (m)	niyam
Ausnahme (f)	अपवाद (m)	apavād
richtig (Adj)	ठीक	thīk
Konjugation (f)	क्रियारूप संयोजन (m)	kriyārūp sanyojan
Deklination (f)	विभक्ति-रूप (m)	vibhakti-rūp
Kasus (m)	कारक (m)	kārak
Frage (f)	प्रश्न (m)	prashn
unterstreichen (vt)	रेखांकित करना	rekhānkit karana
punktierte Linie (f)	बिन्दुरेखा (f)	bindurekha

98. Fremdsprachen

Sprache (f)	भाषा (f)	bhāsha
Fremdsprache (f)	विदेशी भाषा (f)	videshī bhāsha
studieren (z.B. Jura ~)	पढ़ना	parhana
lernen (Englisch ~)	सीखना	sīkhana
lesen (vi, vt)	पढ़ना	parhana
sprechen (vi, vt)	बोलना	bolana
verstehen (vt)	समझना	samajhana
schreiben (vi, vt)	लिखना	likhana
schnell (Adv)	तेज़	tez
langsam (Adv)	धीरे	dhīre

fließend (Adv)	धड़ल्ले से	dharalle se
Regeln (pl)	नियम (m pl)	niyam
Grammatik (f)	व्याकरण (m)	vyākaran
Vokabular (n)	शब्दावली (f)	shabdāvalī
Phonetik (f)	स्वरविज्ञान (m)	svaravigyān
Lehrbuch (n)	पाठ्यपुस्तक (f)	pāthyapustak
Wörterbuch (n)	शब्दकोश (m)	shabdakosh
Selbstlernbuch (n)	स्वयंशिक्षक पुस्तक (m)	svayanshikshak pustak
Sprachführer (m)	वार्तालाप-पुस्तिका (f)	vārttālāp-pustika
Kassette (f)	कैसेट (f)	kaiset
Videokassette (f)	वीडियो कैसेट (m)	vīdiyo kaiset
CD (f)	सीडी (f)	sīdī
DVD (f)	डीवीडी (m)	dīvīdī
Alphabet (n)	वर्णमाला (f)	varnamāla
buchstabieren (vt)	हिज्जे करना	hijje karana
Aussprache (f)	उच्चारण (m)	uchchāran
Akzent (m)	लहज़ा (m)	lahaza
mit Akzent	लहज़े के साथ	lahaze ke sāth
ohne Akzent	बिना लहज़े	bina lahaze
Wort (n)	शब्द (m)	shabd
Bedeutung (f)	मतलब (m)	matalab
Kurse (pl)	पाठ्यक्रम (m)	pāthyakram
sich einschreiben	सदस्य बनना	sadasy banana
Lehrer (m)	शिक्षक (m)	shikshak
Übertragung (f)	तर्जुमा (m)	tarjuma
Übersetzung (f)	अनुवाद (m)	anuvād
Übersetzer (m)	अनुवादक (m)	anuvādak
Dolmetscher (m)	दुभाषिया (m)	dubhāshiya
Polyglott (m, f)	बहुभाषी (m)	bahubhāshī
Gedächtnis (n)	स्मृति (f)	smrti

Erholung. Unterhaltung. Reisen

99. Ausflug. Reisen

Tourismus (m)	पर्यटन (m)	paryatan
Tourist (m)	पर्यटक (m)	paryatak
Reise (f)	यात्रा (f)	yātra
Abenteuer (n)	जाँबाज़ी (f)	jānbāzī
Fahrt (f)	यात्रा (f)	yātra
Urlaub (m)	छुट्टी (f)	chhuttī
auf Urlaub sein	छुट्टी पर होना	chhuttī par hona
Erholung (f)	आराम (m)	ārām
Zug (m)	रेलगाड़ी, ट्रेन (f)	relagārī, tren
mit dem Zug	रैलगाड़ी से	railagārī se
Flugzeug (n)	विमान (m)	vimān
mit dem Flugzeug	विमान से	vimān se
mit dem Auto	कार से	kār se
mit dem Schiff	जहाज़ पर	jahāz par
Gepäck (n)	सामान (m)	sāmān
Koffer (m)	सूटकेस (m)	sūtakes
Gepäckwagen (m)	सामान के लिये गाड़ी (f)	sāmān ke liye gārī
Pass (m)	पासपोर्ट (m)	pāsaport
Visum (n)	वीज़ा (m)	vīza
Fahrkarte (f)	टिकट (m)	tikat
Flugticket (n)	हवाई टिकट (m)	havaī tikat
Reiseführer (m)	गाइडबुक (f)	gaidabuk
Landkarte (f)	नक्शा (m)	naksha
Gegend (f)	क्षेत्र (m)	kshetr
Ort (wunderbarer ~)	स्थान (m)	sthān
Exotika (pl)	विचित्र वस्तुएं	vichitr vastuen
exotisch	विचित्र	vichitr
erstaunlich (Adj)	अजीब	ajīb
Gruppe (f)	समूह (m)	samūh
Ausflug (m)	पर्यटन (f)	paryatan
Reiseleiter (m)	गाइड (m)	gaid

100. Hotel

Hotel (n)	होटल (f)	hotal
Motel (n)	मोटल (m)	motal
drei Sterne	तीन सितारा	tīn sitāra

fünf Sterne	पाँच सितारा	pānch sitāra
absteigen (vi)	ठहरना	thaharana
Hotelzimmer (n)	कमरा (m)	kamara
Einzelzimmer (n)	एक पलंग का कमरा (m)	ek palang ka kamara
Zweibettzimmer (n)	दो पलंगों का कमरा (m)	do palangon ka kamara
reservieren (vt)	कमरा बुक करना	kamara buk karana
Halbpension (f)	हाफ़-बोर्ड (m)	hāf-bord
Vollpension (f)	फ़ुल-बोर्ड (m)	ful-bord
mit Bad	स्नानघर के साथ	snānaghar ke sāth
mit Dusche	शॉवर के साथ	shovar ke sāth
Satellitenfernsehen (n)	सैटेलाइट टेलीविज़न (m)	saitelait telīvizan
Klimaanlage (f)	एयर-कंडिशनर (m)	eyar-kandishanar
Handtuch (n)	तौलिया (f)	tauliya
Schlüssel (m)	चाबी (f)	chābī
Verwalter (m)	मैनेजर (m)	mainejar
Zimmermädchen (n)	चैमबरमैड (f)	chaimabaramaid
Träger (m)	कुली (m)	kulī
Portier (m)	दरबान (m)	darabān
Restaurant (n)	रेस्टरॉं (m)	restarān
Bar (f)	बार (m)	bār
Frühstück (n)	नाश्ता (m)	nāshta
Abendessen (n)	रात्रिभोज (m)	rātribhoj
Buffet (n)	बुफ़े (m)	bufe
Foyer (n)	लॉबी (f)	lobī
Aufzug (m), Fahrstuhl (m)	लिफ्ट (m)	lift
BITTE NICHT STÖREN!	परेशान न करें	pareshān na karen
RAUCHEN VERBOTEN!	धुम्रपान निषेध!	dhumrapān nishedh!

TECHNISCHES ZUBEHÖR. TRANSPORT

Technisches Zubehör

101. Computer

Computer (m)	कंप्यूटर (m)	kampyūtar
Laptop (m), Notebook (n)	लैपटॉप (m)	laipatop
einschalten (vt)	चलाना	chalāna
abstellen (vt)	बंद करना	band karana
Tastatur (f)	कीबोर्ड (m)	kībord
Taste (f)	कुंजी (f)	kunjī
Maus (f)	माउस (m)	maus
Mousepad (n)	माउस पैड (m)	maus paid
Knopf (m)	बटन (m)	batan
Cursor (m)	कर्सर (m)	karsar
Monitor (m)	मॉनिटर (m)	monitar
Schirm (m)	स्क्रीन (m)	skrīn
Festplatte (f)	हार्ड डिस्क (m)	hārd disk
Festplattengröße (f)	हार्ड डिस्क क्षमता (f)	hārd disk kshamata
Speicher (m)	मेमोरी (f)	memorī
Arbeitsspeicher (m)	रैंडम ऐक्सेस मेमोरी (f)	raindam aikses memorī
Datei (f)	फ़ाइल (f)	fail
Ordner (m)	फ़ोल्डर (m)	foldar
öffnen (vt)	खोलना	kholana
schließen (vt)	बंद करना	band karana
speichern (vt)	सहेजना	sahejana
löschen (vt)	हटाना	hatāna
kopieren (vt)	कॉपी करना	kopī karana
sortieren (vt)	व्यवस्थित करना	vyavasthit karana
transferieren (vt)	स्थानांतरित करना	sthānāntarit karana
Programm (n)	प्रोग्राम (m)	progrām
Software (f)	सोफ़्टवेयर (m)	softaveyar
Programmierer (m)	प्रोग्रामर (m)	progrāmar
programmieren (vt)	प्रोग्राम करना	program karana
Hacker (m)	हैकर (m)	haikar
Kennwort (n)	पासवर्ड (m)	pāsavard
Virus (m, n)	वाइरस (m)	vairas
entdecken (vt)	तलाश करना	talāsh karana
Byte (n)	बाइट (m)	bait

Megabyte (n)	मेगाबाइट (m)	megābait
Daten (pl)	डाटा (m pl)	dāta
Datenbank (f)	डाटाबेस (m)	dātābes
Kabel (n)	तार (m)	tār
trennen (vt)	अलग करना	alag karana
anschließen (vt)	जोड़ना	jorana

102. Internet. E-Mail

Internet (n)	इन्टरनेट (m)	intaranet
Browser (m)	ब्राउज़र (m)	brauzar
Suchmaschine (f)	सर्च इंजन (f)	sarch injan
Provider (m)	प्रोवाइडर (m)	provaidar
Webmaster (m)	वेब मास्टर (m)	veb māstar
Website (f)	वेब साइट (m)	veb sait
Webseite (f)	वेब पृष्ठ (m)	veb prshth
Adresse (f)	पता (m)	pata
Adressbuch (n)	संपर्क पुस्तक (f)	sampark pustak
Mailbox (f)	मेलबॉक्स (m)	melaboks
Post (f)	डाक (m)	dāk
Mitteilung (f)	संदेश (m)	sandesh
Absender (m)	प्रेषक (m)	preshak
senden (vt)	भेजना	bhejana
Absendung (f)	भेजना (m)	bhejana
Empfänger (m)	प्रासकर्ता (m)	prāptakarta
empfangen (vt)	प्रास करना	prāpt karana
Briefwechsel (m)	पत्राचार (m)	patrāchār
im Briefwechsel stehen	पत्राचार करना	patrāchār karana
Datei (f)	फ़ाइल (f)	fail
herunterladen (vt)	डाउनलोड करना	daunalod karana
schaffen (vt)	बनाना	banāna
löschen (vt)	हटाना	hatāna
gelöscht (Datei)	हटा दिया गया	hata diya gaya
Verbindung (f)	कनेक्शन (m)	kanekshan
Geschwindigkeit (f)	रफ़्तार (f)	rafatār
Modem (n)	मोडेम (m)	modem
Zugang (m)	पहुंच (m)	pahunch
Port (m)	पोर्ट (m)	port
Anschluss (m)	कनेक्शन (m)	kanekshan
sich anschließen	जुड़ना	jurana
auswählen (vt)	चुनना	chunana
suchen (vt)	खोजना	khojana

103. Elektrizität

Elektrizität (f)	बिजली (f)	bijalī
elektrisch	बिजली का	bijalī ka
Elektrizitätswerk (n)	बिजलीघर (m)	bijalīghar
Energie (f)	ऊर्जा (f)	ūrja
Strom (m)	विद्युत शक्ति (f)	vidyut shakti
Glühbirne (f)	बल्ब (m)	balb
Taschenlampe (f)	फ्लैशलाइट (f)	flaishalait
Straßenlaterne (f)	सड़क की बत्ती (f)	sarak kī battī
Licht (n)	बिजली (f)	bijalī
einschalten (vt)	चलाना	chalāna
ausschalten (vt)	बंद करना	band karana
das Licht ausschalten	बिजली बंद करना	bijalī band karana
durchbrennen (vi)	फ्यूज़ होना	fyūz hona
Kurzschluss (m)	शार्ट सर्किट (m)	shārt sarkit
Riß (m)	टूटा तार (m)	tūta tār
Kontakt (m)	सॉकेट (m)	soket
Schalter (m)	स्विच (m)	svich
Steckdose (f)	सॉकेट (m)	soket
Stecker (m)	प्लग (m)	plag
Verlängerung (f)	एक्स्टेंशन कोर्ड (m)	ekstenshan kord
Sicherung (f)	फ्यूज़ (m)	fyūz
Leitungsdraht (m)	तार (m)	tār
Verdrahtung (f)	तार (m)	tār
Ampere (n)	ऐम्पेयर (m)	aimpeyar
Stromstärke (f)	विद्युत शक्ति (f)	vidyut shakti
Volt (n)	वोल्ट (m)	volt
Voltspannung (f)	वोल्टेज (f)	voltej
Elektrogerät (n)	विद्युत यंत्र (m)	vidyut yantr
Indikator (m)	सूचक (m)	sūchak
Elektriker (m)	विद्युत कारीगर (m)	vidyut kārīgar
löten (vt)	धातु जोड़ना	dhātu jorana
Lötkolben (m)	सोल्डरिंग आयरन (m)	soldaring āyaran
Strom (m)	विद्युत प्रवाह (f)	vidyut pravāh

104. Werkzeug

Werkzeug (n)	औज़ार (m)	auzār
Werkzeuge (pl)	औज़ार (m pl)	auzār
Ausrüstung (f)	मशीन (f)	mashīn
Hammer (m)	हथौड़ी (f)	hathaurī
Schraubenzieher (m)	पेंचकस (m)	penchakas
Axt (f)	कुल्हाड़ी (f)	kulhārī

Säge (f)	आरी (f)	ārī
sägen (vt)	आरी से काटना	ārī se kātana
Hobel (m)	रंदा (m)	randa
hobeln (vt)	छीलना	chhīlana
Lötkolben (m)	सोल्डरिंग आयरन (m)	soldaring āyaran
löten (vt)	धातु जोड़ना	dhātu jorana
Feile (f)	रेती (f)	retī
Kneifzange (f)	संडसी (f pl)	sandasī
Flachzange (f)	प्लायर (m)	plāyar
Stemmeisen (n)	छेनी (f)	chhenī
Bohrer (m)	ड्रिल बिट (m)	dril bit
Bohrmaschine (f)	विद्युतीय बरमा (m)	vidyutīy barama
bohren (vt)	ड्रिल करना	dril karana
Messer (n)	छुरी (f)	chhurī
Klinge (f)	धार (f)	dhār
scharf (-e Messer usw.)	कटीला	katīla
stumpf	कुंद	kund
stumpf werden (vi)	कुंद करना	kund karana
schärfen (vt)	धारदार बनाना	dhāradār banāna
Bolzen (m)	बोल्ट (m)	bolt
Mutter (f)	नट (m)	nat
Gewinde (n)	चूड़ी (f)	chūrī
Holzschraube (f)	पेंच (m)	pench
Nagel (m)	कील (f)	kīl
Nagelkopf (m)	कील का सिरा (m)	kīl ka sira
Lineal (n)	स्केल (m)	skel
Metermaß (n)	इंची टेप (m)	inchī tep
Wasserwaage (f)	स्पिरिट लेवल (m)	spirit leval
Lupe (f)	आवर्धक लेंस (m)	āvardhak lens
Messinstrument (n)	मापक यंत्र (m)	māpak yantr
messen (vt)	मापना	māpana
Skala (f)	स्केल (f)	skel
Ablesung (f)	पाठ्यांक (m pl)	pāthyānk
Kompressor (m)	कंप्रेसर (m)	kampresar
Mikroskop (n)	माइक्रोस्कोप (m)	maikroskop
Pumpe (f)	पंप (m)	pamp
Roboter (m)	रोबोट (m)	robot
Laser (m)	लेज़र (m)	lezar
Schraubenschlüssel (m)	रिंच (m)	rinch
Klebeband (n)	फ़ीता (m)	fita
Klebstoff (m)	लेई (f)	leī
Sandpapier (n)	रेगमाल (m)	regamāl
Sprungfeder (f)	कमानी (f)	kamānī
Magnet (m)	मैग्नेट (m)	maignet

Handschuhe (pl)	दस्ताने (m pl)	dastāne
Leine (f)	रस्सी (f)	rassī
Schnur (f)	डोरी (f)	dorī
Draht (m)	तार (m)	tār
Kabel (n)	केबल (m)	kebal
schwerer Hammer (m)	हथौड़ा (m)	hathaura
Brecheisen (n)	रंभा (m)	rambha
Leiter (f)	सीढ़ी (f)	sīrhī
Trittleiter (f)	सीढ़ी (f)	sīrhī
zudrehen (vt)	कसना	kasana
abdrehen (vt)	घुमाकर खोलना	ghumākar kholana
zusammendrücken (vt)	कसना	kasana
ankleben (vt)	चिपकाना	chipakāna
schneiden (vt)	काटना	kātana
Störung (f)	ख़राबी (f)	kharābī
Reparatur (f)	मरम्मत (f)	marammat
reparieren (vt)	मरम्मत करना	marammat karana
einstellen (vt)	ठीक करना	thīk karana
prüfen (vt)	जांचना	jānchana
Prüfung (f)	जांच (f)	jānch
Ablesung (f)	पाठ्यांक (m)	pāthyānk
sicher (zuverlässigen)	मज़बूत	mazabūt
kompliziert (Adj)	जटिल	jatil
verrosten (vi)	ज़ंग लगना	zang lagana
rostig	ज़ंग लगा हुआ	zang laga hua
Rost (m)	ज़ंग (m)	zang

Transport

105. Flugzeug

Flugzeug (n)	विमान (m)	vimān
Flugticket (n)	हवाई टिकट (m)	havaī tikat
Fluggesellschaft (f)	हवाई कम्पनी (f)	havaī kampanī
Flughafen (m)	हवाई अड्डा (m)	havaī adda
Überschall-	पराध्वनिक	parādhvanik
Flugkapitän (m)	कसान (m)	kaptān
Besatzung (f)	वैमानिक दल (m)	vaimānik dal
Pilot (m)	विमान चालक (m)	vimān chālak
Flugbegleiterin (f)	एयर होस्टस (f)	eyar hostas
Steuermann (m)	नैवीगेटर (m)	naivīgetar
Flügel (pl)	पंख (m pl)	pankh
Schwanz (m)	पूँछ (f)	pūnchh
Kabine (f)	कॉकपिट (m)	kokapit
Motor (m)	इंजन (m)	injan
Fahrgestell (n)	हवाई जहाज़ पहिये (m)	havaī jahāz pahiye
Turbine (f)	टरबाइन (f)	tarabain
Propeller (m)	प्रोपेलर (m)	propelar
Flugschreiber (m)	ब्लैक बॉक्स (m)	blaik boks
Steuerrad (n)	कंट्रोल कॉलम (m)	kantrol kolam
Treibstoff (m)	ईंधन (m)	īndhan
Sicherheitskarte (f)	सुरक्षा-पत्र (m)	suraksha-patr
Sauerstoffmaske (f)	ऑक्सीजन मास्क (m)	oksījan māsk
Uniform (f)	वर्दी (f)	vardī
Rettungsweste (f)	बचाव पेटी (f)	bachāv petī
Fallschirm (m)	पैराशूट (m)	pairāshūt
Abflug, Start (m)	उड़ान (m)	urān
starten (vi)	उड़ना	urana
Startbahn (f)	उड़ान पट्टी (f)	urān pattī
Sicht (f)	दृश्यता (f)	drshyata
Flug (m)	उड़ान (m)	urān
Höhe (f)	ऊंचाई (f)	ūnchaī
Luftloch (n)	वायु-पॉकेट (m)	vāyu-poket
Platz (m)	सीट (f)	sīt
Kopfhörer (m)	हेडफ़ोन (m)	hedafon
Klapptisch (m)	ट्रे टेबल (f)	tre tebal
Bullauge (n)	हवाई जहाज़ की खिड़की (f)	havaī jahāz kī khirakī
Durchgang (m)	गलियारा (m)	galiyāra

106. Zug

Zug (m)	रेलगाड़ी, ट्रेन (f)	relagāṛī, tren
elektrischer Zug (m)	लोकल ट्रेन (f)	lokal tren
Schnellzug (m)	तेज़ रेलगाड़ी (f)	tez relagāṛī
Diesellok (f)	डीज़ल रेलगाड़ी (f)	dīzal relagāṛī
Dampflok (f)	स्टीम इंजन (f)	stīm injan

| Personenwagen (m) | कोच (f) | koch |
| Speisewagen (m) | डाइनर (f) | dainar |

Schienen (pl)	पटरियाँ (f)	patariyān
Eisenbahn (f)	रेलवे (f)	relave
Bahnschwelle (f)	पटरियाँ (f)	patariyān

Bahnsteig (m)	प्लेटफ़ॉर्म (m)	pletaform
Gleis (n)	प्लेटफ़ॉर्म (m)	pletaform
Eisenbahnsignal (n)	सिग्नल (m)	signal
Station (f)	स्टेशन (m)	steshan

Lokomotivführer (m)	इंजन ड्राइवर (m)	injan draivar
Träger (m)	कुली (m)	kulī
Schaffner (m)	कोच एटेंडेंट (m)	koch etendent
Fahrgast (m)	मुसाफ़िर (m)	musāfir
Fahrkartenkontrolleur (m)	टीटी (m)	ṭīṭī

| Flur (m) | गलियारा (m) | galiyāra |
| Notbremse (f) | आपात ब्रेक (m) | āpāt brek |

Abteil (n)	डिब्बा (m)	dibba
Liegeplatz (m), Schlafkoje (f)	बर्थ (f)	barth
oberer Liegeplatz (m)	ऊपरी बर्थ (f)	ūparī barth
unterer Liegeplatz (m)	नीचली बर्थ (f)	nīchalī barth
Bettwäsche (f)	बिस्तर (m)	bistar

Fahrkarte (f)	टिकट (m)	tikat
Fahrplan (m)	टाइम टैबुल (m)	taim taibul
Anzeigetafel (f)	सूचना बोर्ड (m)	sūchana bord

| abfahren (der Zug) | चले जाना | chale jāna |
| Abfahrt (f) | रवानगी (f) | ravānagī |

| ankommen (der Zug) | पहुंचना | pahunchana |
| Ankunft (f) | आगमन (m) | āgaman |

mit dem Zug kommen	गाड़ी से पहुंचना	gāṛī se pahunchana
in den Zug einsteigen	गाड़ी पकड़ना	gāḍī pakarana
aus dem Zug aussteigen	गाड़ी से उतरना	gāṛī se utarana

Zugunglück (n)	दुर्घटनाग्रस्त (f)	durghatanāgrast
Dampflok (f)	स्टीम इंजन (m)	stīm injan
Heizer (m)	अग्निशामक (m)	agnishāmak
Feuerbüchse (f)	भट्ठी (f)	bhatthī
Kohle (f)	कोयला (m)	koyala

107. Schiff

Schiff (n)	जहाज़ (m)	jahāz
Fahrzeug (n)	जहाज़ (m)	jahāz
Dampfer (m)	जहाज़ (m)	jahāz
Motorschiff (n)	मोटर बोट (m)	motar bot
Kreuzfahrtschiff (n)	लाइनर (m)	lainar
Kreuzer (m)	क्रूज़र (m)	krūzar
Jacht (f)	याख्ट (m)	yākht
Schlepper (m)	कर्षक पोत (m)	karshak pot
Lastkahn (m)	बार्ज (f)	bārj
Fähre (f)	फेरी बोट (f)	ferī bot
Segelschiff (n)	पाल नाव (f)	pāl nāv
Brigantine (f)	बादबानी (f)	bādabānī
Eisbrecher (m)	हिमभंजक पोत (m)	himabhanjak pot
U-Boot (n)	पनडुब्बी (f)	panadubbī
Boot (n)	नाव (m)	nāv
Dingi (n), Beiboot (n)	किश्ती (f)	kishtī
Rettungsboot (n)	जीवन रक्षा किश्ती (f)	jīvan raksha kishtī
Motorboot (n)	मोटर बोट (m)	motar bot
Kapitän (m)	कसान (m)	kaptān
Matrose (m)	मल्लाह (m)	mallāh
Seemann (m)	मल्लाह (m)	mallāh
Besatzung (f)	वैमानिक दल (m)	vaimānik dal
Bootsmann (m)	बोसुन (m)	bosun
Schiffsjunge (m)	बोसुन (m)	bosun
Schiffskoch (m)	रसोईया (m)	rasoiya
Schiffsarzt (m)	पोत डाक्टर (m)	pot dāktar
Deck (n)	डेक (m)	dek
Mast (m)	मस्तूल (m)	mastūl
Segel (n)	पाल (m)	pāl
Schiffsraum (m)	कार्गो (m)	kārgo
Bug (m)	जहाज़ का अगला हिस्सा (m)	jahāz ka agara hissa
Heck (n)	जहाज़ का पिछला हिस्सा (m)	jahāz ka pichhala hissa
Ruder (n)	चप्पू (m)	chappū
Schraube (f)	जहाज़ की पंखी चलाने का पेंच (m)	jahāz kī pankhī chalāne ka pench
Kajüte (f)	कैबिन (m)	kaibin
Messe (f)	मेस (f)	mes
Maschinenraum (m)	मशीन-कमरा (m)	mashīn-kamara
Kommandobrücke (f)	ब्रिज (m)	brij
Funkraum (m)	रेडियो केबिन (m)	rediyo kebin
Radiowelle (f)	रेडियो तरंग (f)	rediyo tarang
Schiffstagebuch (n)	जहाज़ी रजिस्टर (m)	jahāzī rajistar
Fernrohr (n)	टेलिस्कोप (m)	teliskop

| Glocke (f) | घंटा (m) | ghanta |
| Fahne (f) | झंडा (m) | jhanda |

| Seil (n) | रस्सा (m) | rassa |
| Knoten (m) | जहाज़ी गांठ (f) | jahāzī gānth |

| Geländer (n) | रेलिंग (f) | reling |
| Treppe (f) | सीढ़ी (f) | sīrhī |

Anker (m)	लंगर (m)	langar
den Anker lichten	लंगर उठाना	langar uthāna
Anker werfen	लंगर डालना	langar dālana
Ankerkette (f)	लंगर की ज़जीर (f)	langar kī zajīr

Hafen (m)	बंदरगाह (m)	bandaragāh
Anlegestelle (f)	घाट (m)	ghāt
anlegen (vi)	किनारे लगना	kināre lagana
abstoßen (vt)	रवाना होना	ravāna hona

Reise (f)	यात्रा (f)	yātra
Kreuzfahrt (f)	जलयात्रा (f)	jalayātra
Kurs (m), Richtung (f)	दिशा (f)	disha
Reiseroute (f)	मार्ग (m)	mārg

Fahrwasser (n)	नाव्य जलपथ (m)	nāvy jalapath
Untiefe (f)	छिछला पानी (m)	chhichhala pānī
stranden (vi)	छिछले पानी में धसना	chhichhale pānī men dhansana

Sturm (m)	तूफ़ान (m)	tufān
Signal (n)	सिग्नल (m)	signal
untergehen (vi)	डूबना	dūbana
SOS	एसओएस	esoes
Rettungsring (m)	लाइफ़ ब्वाय (m)	laif bvāy

108. Flughafen

Flughafen (m)	हवाई अड्डा (m)	havaī adda
Flugzeug (n)	विमान (m)	vimān
Fluggesellschaft (f)	हवाई कम्पनी (f)	havaī kampanī
Fluglotse (m)	हवाई यातायात नियंत्रक (m)	havaī yātāyāt niyantrak

Abflug (m)	प्रस्थान (m)	prasthān
Ankunft (f)	आगमन (m)	āgaman
anfliegen (vi)	पहुंचना	pahunchana

| Abflugzeit (f) | उड़ान का समय (m) | urān ka samay |
| Ankunftszeit (f) | आगमन का समय (m) | āgaman ka samay |

| sich verspäten | देर से आना | der se āna |
| Abflugverspätung (f) | उड़ान देरी (f) | urān derī |

| Anzeigetafel (f) | सूचना बोर्ड (m) | sūchana bord |
| Information (f) | सूचना (f) | sūchana |

ankündigen (vt)	घोषणा करना	ghoshana karana
Flug (m)	फ़्लाइट (f)	flait
Zollamt (n)	सीमाशुल्क कार्यालय (m)	sīmāshulk kāryālay
Zollbeamter (m)	सीमाशुल्क अधिकारी (m)	sīmāshulk adhikārī
Zolldeklaration (f)	सीमाशुल्क घोषणा (f)	sīmāshulk ghoshana
die Zollerklärung ausfüllen	सीमाशुल्क घोषणा भरना	sīmāshulk ghoshana bharana
Passkontrolle (f)	पास्पोर्ट जांच (f)	pāsport jānch
Gepäck (n)	सामान (m)	sāmān
Handgepäck (n)	दस्ती सामान (m)	dastī sāmān
Kofferkuli (m)	सामान के लिये गाड़ी (f)	sāmān ke liye gāṛī
Landung (f)	विमानारोहण (m)	vimānārohan
Landebahn (f)	विमानारोहण मार्ग (m)	vimānārohan mārg
landen (vi)	उतरना	utarana
Fluggasttreppe (f)	सीढ़ी (f)	sīṛhī
Check-in (n)	चेक-इन (m)	chek-in
Check-in-Schalter (m)	चेक-इन डेस्क (m)	chek-in desk
sich registrieren lassen	चेक-इन करना	chek-in karana
Bordkarte (f)	बोर्डिंग पास (m)	bording pās
Abfluggate (n)	प्रस्थान गेट (m)	prasthān get
Transit (m)	पारवहन (m)	pāravahan
warten (vi)	इंतज़ार करना	intazār karana
Wartesaal (m)	प्रतीक्षालय (m)	pratīkshālay
begleiten (vt)	विदा करना	vida karana
sich verabschieden	विदा कहना	vida kahana

Lebensereignisse

109. Feiertage. Ereignis

Fest (n)	त्योहार (m)	tyohār
Nationalfeiertag (m)	राष्ट्रीय त्योहार (m)	rāshtrīy tyohār
Feiertag (m)	त्योहार का दिन (m)	tyohār ka din
feiern (vt)	पुण्यस्मरण करना	punyasmaran karana

Ereignis (n)	घटना (f)	ghatana
Veranstaltung (f)	आयोजन (m)	āyojan
Bankett (n)	राजभोज (m)	rājabhoj
Empfang (m)	दावत (f)	dāvat
Festmahl (n)	दावत (f)	dāvat

Jahrestag (m)	वर्षगांठ (m)	varshagānth
Jubiläumsfeier (f)	वर्षगांठ (m)	varshagānth
begehen (vt)	मनाना	manāna

Neujahr (n)	नव वर्ष (m)	nav varsh
Frohes Neues Jahr!	नव वर्ष की शुभकामना!	nav varsh kī shubhakāmana!
Weihnachtsmann (m)	सांता क्लॉज़ (m)	sānta kloz

Weihnachten (n)	बड़ा दिन (m)	bara din
Frohe Weihnachten!	क्रिसमस की शुभकामनाएँ!	krisamas kī shubhakāmanaen!
Tannenbaum (m)	क्रिस्मस ट्री (m)	krismas trī
Feuerwerk (n)	अग्नि क्रीड़ा (f)	agni krīra

Hochzeit (f)	शादी (f)	shādī
Bräutigam (m)	दुल्हा (m)	dulha
Braut (f)	दुल्हन (f)	dulhan

| einladen (vt) | आमंत्रित करना | āmantrit karana |
| Einladung (f) | निमंत्रण पत्र (m) | nimantran patr |

Gast (m)	मेहमान (m)	mehamān
besuchen (vt)	मिलने जाना	milane jāna
Gäste empfangen	मेहमानों से मिलना	mehamānon se milana

Geschenk (n)	उपहार (m)	upahār
schenken (vt)	उपहार देना	upahār dena
Geschenke bekommen	उपहार मिलना	upahār milana
Blumenstrauß (m)	गुलदस्ता (m)	guladasta

| Glückwunsch (m) | बधाई (f) | badhaī |
| gratulieren (vi) | बधाई देना | badhaī dena |

| Glückwunschkarte (f) | बधाई पोस्टकार्ड (m) | badhaī postakārd |
| eine Karte abschicken | पोस्टकार्ड भेजना | postakārd bhejana |

eine Karte erhalten	पोस्टकार्ड पाना	postakārd pāna
Trinkspruch (m)	टोस्ट (m)	tost
anbieten (vt)	ऑफ़र करना	ofar karana
Champagner (m)	शैम्पेन (f)	shaimpen
sich amüsieren	मज़े करना	maze karana
Fröhlichkeit (f)	आमोद (m)	āmod
Freude (f)	ख़ुशी (f)	khushī
Tanz (m)	नाच (m)	nāch
tanzen (vi, vt)	नाचना	nāchana
Walzer (m)	वॉल्ट्ज़ (m)	voltz
Tango (m)	टैंगो (m)	taingo

110. Bestattungen. Begräbnis

Friedhof (m)	कब्रिस्तान (m)	kabristān
Grab (n)	कब्र (m)	kabr
Kreuz (n)	क्रॉस (m)	kros
Grabstein (m)	सामाधि शिला (f)	sāmādhi shila
Zaun (m)	बाड़ (f)	bār
Kapelle (f)	चैपल (m)	chaipal
Tod (m)	मृत्यु (f)	mrtyu
sterben (vi)	मरना	marana
Verstorbene (m)	मृतक (m)	mrtak
Trauer (f)	शोक (m)	shok
begraben (vt)	दफ़नाना	dafanāna
Bestattungsinstitut (n)	दफ़नालय (m)	dafanālay
Begräbnis (n)	अंतिम संस्कार (m)	antim sanskār
Kranz (m)	फूलमाला (f)	fūlamāla
Sarg (m)	ताबूत (m)	tābūt
Katafalk (m)	शव मंच (m)	shav manch
Totenhemd (n)	कफ़न (m)	kafan
Urne (f)	भस्मी कलश (m)	bhasmī kalash
Krematorium (n)	दाहगृह (m)	dāhagrh
Nachruf (m)	निधन सूचना (f)	nidhan sūchana
weinen (vi)	रोना	rona
schluchzen (vi)	रोना	rona

111. Krieg. Soldaten

Zug (m)	दस्ता (m)	dasta
Kompanie (f)	कंपनी (f)	kampanī
Regiment (n)	रेजीमेंट (f)	rejīment
Armee (f)	सेना (f)	sena
Division (f)	डिवीज़न (m)	divīzan

| Abteilung (f) | दल (m) | dal |
| Heer (n) | फौज (f) | fauj |

| Soldat (m) | सिपाही (m) | sipāhī |
| Offizier (m) | अफ़्सर (m) | afsar |

Soldat (m)	सैनिक (m)	sainik
Feldwebel (m)	सार्जेंट (m)	sārjent
Leutnant (m)	लेफ्टिनेंट (m)	leftinent
Hauptmann (m)	कप्तान (m)	kaptān
Major (m)	मेजर (m)	mejar
Oberst (m)	कर्नल (m)	karnal
General (m)	जनरल (m)	janaral

Matrose (m)	मल्लाह (m)	mallāh
Kapitän (m)	कप्तान (m)	kaptān
Bootsmann (m)	बोसुन (m)	bosun

Artillerist (m)	तोपची (m)	topachī
Fallschirmjäger (m)	पैराट्रूपर (m)	pairātrūpar
Pilot (m)	पाइलट (m)	pailat
Steuermann (m)	नैवीगेटर (m)	naivīgetar
Mechaniker (m)	मैकेनिक (m)	maikenik

Pionier (m)	सैपर (m)	saipar
Fallschirmspringer (m)	छतरीबाज़ (m)	chhatarībāz
Aufklärer (m)	जासूस (m)	jāsūs
Scharfschütze (m)	निशानची (m)	nishānachī

Patrouille (f)	गश्त (m)	gasht
patrouillieren (vi)	गश्त लगाना	gasht lagāna
Wache (f)	प्रहरी (m)	praharī

Krieger (m)	सैनिक (m)	sainik
Patriot (m)	देशभक्त (m)	deshabhakt
Held (m)	हिरो (m)	hiro
Heldin (f)	हिरोइन (f)	hiroin

Verräter (m)	गद्दार (m)	gaddār
Deserteur (m)	भगोड़ा (m)	bhagora
desertieren (vi)	भाग जाना	bhāg jāna

Söldner (m)	भाड़े का सैनिक (m)	bhāre ka sainik
Rekrut (m)	रंगरूट (m)	rangarūt
Freiwillige (m)	स्वयंसेवी (m)	svayansevī

Getoetete (m)	मृतक (m)	mrtak
Verwundete (m)	घायल (m)	ghāyal
Kriegsgefangene (m)	युद्ध क़ैदी (m)	yuddh qaidī

112. Krieg. Militärische Aktionen. Teil 1

| Krieg (m) | युद्ध (m) | yuddh |
| Krieg führen | युद्ध करना | yuddh karana |

Bürgerkrieg (m)	गृहयुद्ध (m)	grhayuddh
heimtückisch (Adv)	विश्वासघाती ढंग से	vishvāsaghātī dhang se
Kriegserklärung (f)	युद्ध का एलान (m)	yuddh ka elān
erklären (den Krieg ~)	एलान करना	elān karana
Aggression (f)	हमला (m)	hamala
einfallen (Staat usw.)	हमला करना	hamala karana
einfallen (in ein Land ~)	हमला करना	hamala karana
Invasoren (pl)	आक्रमणकारी (m)	ākramanakārī
Eroberer (m), Sieger (m)	विजेता (m)	vijeta
Verteidigung (f)	हिफ़ाज़त (f)	hifāzat
verteidigen (vt)	हिफ़ाज़त करना	hifāzal karana
sich verteidigen	के विरुद्ध हिफ़ाज़त करना	ke virūddh hifāzat karana
Feind (m)	दुश्मन (m)	dushman
Gegner (m)	विपक्ष (m)	vipaksh
Feind-	दुश्मनों का	dushmanon ka
Strategie (f)	रणनीति (f)	rananīti
Taktik (f)	युक्ति (f)	yukti
Befehl (m)	हुक्म (m)	hukm
Anordnung (f)	आज्ञा (f)	āgya
befehlen (vt)	हुक्म देना	hukm dena
Auftrag (m)	मिशन (m)	mishan
geheim (Adj)	गुप्त	gupt
Schlacht (f)	लड़ाई (f)	laraī
Kampf (m)	युद्ध (m)	yuddh
Angriff (m)	आक्रमण (m)	ākraman
Sturm (m)	धावा (m)	dhāva
stürmen (vt)	धावा करना	dhāva karana
Belagerung (f)	घेरा (m)	ghera
Angriff (m)	आक्रमण (m)	ākraman
angreifen (vt)	आक्रमण करना	ākraman karana
Rückzug (m)	अपयान (m)	apayān
sich zurückziehen	अपयान करना	apayān karana
Einkesselung (f)	घेराई (f)	gheraī
einkesseln (vt)	घेरना	gherana
Bombenangriff (m)	बमबारी (f)	bamabārī
eine Bombe abwerfen	बम गिराना	bam girāna
bombardieren (vt)	बमबारी करना	bamabārī karana
Explosion (f)	विस्फोट (m)	visfot
Schuss (m)	गोली (m)	golī
schießen (vt)	गोली चलाना	golī chalāna
Schießerei (f)	गोलीबारी (f)	golībārī
zielen auf ...	निशाना लगाना	nishāna lagāna
richten (die Waffe)	निशाना बांधना	nishāna bāndhana

treffen (ins Schwarze ~)	गोली मारना	golī mārana
versenken (vt)	डुबाना	dubāna
Loch (im Schiffsrumpf)	छेद (m)	chhed
versinken (Schiff)	डूबना	dūbana
Front (f)	मोरचा (m)	moracha
Evakuierung (f)	निकास (m)	nikās
evakuieren (vt)	निकास करना	nikās karana
Stacheldraht (m)	कांटेदार तार (m)	kāntedār tār
Sperre (z.B. Panzersperre)	बाड़ (m)	bār
Wachtturm (m)	बुर्ज (m)	burj
Lazarett (n)	सैनिक अस्पताल (m)	sainik aspatāl
verwunden (vt)	घायल करना	ghāyal karana
Wunde (f)	घाव (m)	ghāv
Verwundete (m)	घायल (m)	ghāyal
verletzt sein	घायल होना	ghāyal hona
schwer (-e Verletzung)	गम्भीर	gambhīr

113. Krieg. Militärische Aktionen. Teil 2

Gefangenschaft (f)	क़ैद (f)	qaid
gefangen nehmen (vt)	क़ैद करना	qaid karana
in Gefangenschaft sein	क़ैद में रखना	qaid men rakhana
in Gefangenschaft geraten	क़ैद में लेना	qaid men lena
Konzentrationslager (n)	कन्सेंट्रेशन कैंप (m)	kansentreshan kaimp
Kriegsgefangene (m)	युद्ध-क़ैदी (m)	yuddh-qaidī
fliehen (vi)	क़ैद से भाग जाना	qaid se bhāg jāna
verraten (vt)	गद्दारी करना	gaddārī karana
Verräter (m)	गद्दार (m)	gaddār
Verrat (m)	गद्दारी (f)	gaddārī
erschießen (vt)	फाँसी देना	fānsī dena
Erschießung (f)	प्राणदण्ड (f)	prānadand
Ausrüstung (persönliche ~)	फ़ौजी पोशाक (m)	faujī poshak
Schulterstück (n)	कंधे का फ़ीता (m)	kandhe ka fīta
Gasmaske (f)	गैस मास्क (m)	gais māsk
Funkgerät (n)	ट्रांस-रिसिवर (m)	trāns-risivar
Chiffre (f)	गुप्तलेख (m)	guptalekh
Geheimhaltung (f)	गुप्तता (f)	guptata
Kennwort (n)	पासवर्ड (m)	pāsavard
Mine (f)	बारूदी सुरंग (f)	bārūdī surang
Minen legen	सुरंग खोदना	surang khodana
Minenfeld (n)	सुरंग-क्षेत्र (m)	surang-kshetr
Luftalarm (m)	हवाई हमले की चेतावनी (f)	havaī hamale kī chetāvanī
Alarm (m)	चेतावनी (f)	chetāvanī
Signal (n)	सिग्नल (m)	signal

Signalrakete (f)	सिग्नल रॉकेट (m)	signal roket
Hauptquartier (n)	सैनिक मुख्यालय (m)	sainik mukhyālay
Aufklärung (f)	जासूसी देख-भाल (m)	jāsūsī dekh-bhāl
Lage (f)	हालत (f)	hālat
Bericht (m)	रिपोर्ट (m)	riport
Hinterhalt (m)	घात (f)	ghāt
Verstärkung (f)	बलवृद्धि (m)	balavrddhi
Zielscheibe (f)	निशाना (m)	nishāna
Schießplatz (m)	प्रशिक्षण क्षेत्र (m)	prashikshan kshetr
Manöver (n)	युद्धाभ्यास (m pl)	yuddhābhyās
Panik (f)	भगदड़ (f)	bhagadar
Verwüstung (f)	तबाही (f)	tabāhī
Trümmer (pl)	विनाश (m pl)	vināsh
zerstören (vt)	नष्ट करना	nasht karana
überleben (vi)	जीवित रहना	jīvit rahana
entwaffnen (vt)	निरस्त्र करना	nirastr karana
handhaben (vt)	हथियार चलाना	hathiyār chalāna
Stillgestanden!	सावधान!	sāvadhān!
Rühren!	आराम!	ārām!
Heldentat (f)	साहस का कार्य (m)	sāhas ka kāry
Eid (m), Schwur (m)	शपथ (f)	shapath
schwören (vi, vt)	शपथ लेना	shapath lena
Lohn (Orden, Medaille)	पदक (m)	padak
auszeichnen (mit Orden)	इनाम देना	inām dena
Medaille (f)	मेडल (m)	medal
Orden (m)	आर्डर (m)	ārdar
Sieg (m)	विजय (m)	vijay
Niederlage (f)	हार (f)	hār
Waffenstillstand (m)	युद्धविराम (m)	yuddhavirām
Fahne (f)	झंडा (m)	jhanda
Ruhm (m)	प्रताप (m)	pratāp
Parade (f)	परेड (m)	pared
marschieren (vi)	मार्च करना	mārch karana

114. Waffen

Waffe (f)	हथियार (m)	hathiyār
Schusswaffe (f)	हथियार (m)	hathiyār
blanke Waffe (f)	पैने हथियार (m)	paine hathiyār
chemischen Waffen (pl)	रसायनिक शस्त्र (m)	rasāyanik shastr
Kern-, Atom-	आण्विक	ānvik
Kernwaffe (f)	आण्विक-शस्त्र (m)	ānvik-shastr
Bombe (f)	बम (m)	bam
Atombombe (f)	परमाणु बम (m)	paramānu bam

Pistole (f)	पिस्तौल (m)	pistaul
Gewehr (n)	बंदूक (m)	bandūk
Maschinenpistole (f)	टामी गन (f)	tāmī gan
Maschinengewehr (n)	मशीन गन (f)	mashīn gan
Mündung (f)	नालमुख (m)	nālamukh
Lauf (Gewehr-)	नाल (m)	nāl
Kaliber (n)	नली का व्यास (m)	nalī ka vyās
Abzug (m)	घोड़ा (m)	ghora
Visier (n)	लक्षक (m)	lakshak
Magazin (n)	मैग्ज़ीन (m)	maigazīn
Kolben (m)	कुंदा (m)	kunda
Handgranate (f)	ग्रेनेड (m)	grened
Sprengstoff (m)	विस्फोटक (m)	visfotak
Kugel (f)	गोली (f)	golī
Patrone (f)	कारतूस (m)	kāratūs
Ladung (f)	गति (f)	gati
Munition (f)	गोला बारूद (m pl)	gola bārūd
Bomber (m)	बमबार (m)	bamabār
Kampfflugzeug (n)	लड़ाकू विमान (m)	larākū vimān
Hubschrauber (m)	हेलीकॉप्टर (m)	helikoptar
Flugabwehrkanone (f)	विमान-विध्वंस तोप (f)	vimān-vidhvans top
Panzer (m)	टैंक (m)	taink
Panzerkanone (f)	तोप (m)	top
Artillerie (f)	तोपें (m)	topen
richten (die Waffe)	निशाना बांधना	nishāna bāndhana
Geschoß (n)	गोला (m)	gola
Wurfgranate (f)	मोर्टार बम (m)	mortār bam
Granatwerfer (m)	मोर्टार (m)	mortār
Splitter (m)	किरच (m)	kirach
U-Boot (n)	पनडुब्बी (f)	panadubbī
Torpedo (m)	टोरपीडो (m)	torapīdo
Rakete (f)	रॉकेट (m)	roket
laden (Gewehr)	बंदूक भरना	bandūk bharana
schießen (vi)	गोली चलाना	golī chalāna
zielen auf ...	निशाना लगाना	nishāna lagāna
Bajonett (n)	किरिच (m)	kirich
Degen (m)	खंजर (m)	khanjar
Säbel (m)	कृपाण (m)	krpān
Speer (m)	भाला (m)	bhāla
Bogen (m)	धनुष (m)	dhanush
Pfeil (m)	बाण (m)	bān
Muskete (f)	मसकट (m)	masakat
Armbrust (f)	क्रॉसबो (m)	krosabo

115. Menschen der Antike

vorzeitlich	आदिकालीन	ādikālīn
prähistorisch	प्रागैतिहासिक	prāgaitihāsik
alt (antik)	प्राचीन	prāchīn
Steinzeit (f)	पाषाण युग (m)	pāshān yug
Bronzezeit (f)	कांस्य युग (m)	kānsy yug
Eiszeit (f)	हिम युग (m)	him yug
Stamm (m)	जनजाति (f)	janajāti
Kannibale (m)	नरभक्षी (m)	narabhakshī
Jäger (m)	शिकारी (m)	shikārī
jagen (vi)	शिकार करना	shikār karana
Mammut (n)	प्राचीन युग हाथी (m)	prāchīn yug hāthī
Höhle (f)	गुफ़ा (f)	gufa
Feuer (n)	अग्नि (m)	agni
Lagerfeuer (n)	अलाव (m)	alāv
Höhlenmalerei (f)	शिला चित्र (m)	shila chitr
Werkzeug (n)	औज़ार (m)	auzār
Speer (m)	भाला (m)	bhāla
Steinbeil (n), Steinaxt (f)	पत्थर की कुल्हाड़ी (f)	patthar kī kulhārī
Krieg führen	युद्ध पर होना	yuddh par hona
domestizieren (vt)	जानवरों को पालतू बनाना	jānavaron ko pālatū banāna
Idol (n)	मूर्ति (f)	mūrti
anbeten (vt)	पूजना	pūjana
Aberglaube (m)	अंधविश्वास (m)	andhavishvās
Brauch (m), Ritus (m)	अनुष्ठान (m)	anushthān
Evolution (f)	उद्भव (m)	udbhav
Entwicklung (f)	विकास (m)	vikās
Verschwinden (n)	गायब (m)	gāyab
sich anpassen	अनुकूल बनाना	anukūl banāna
Archäologie (f)	पुरातत्व (m)	purātatv
Archäologe (m)	पुरातत्वविद (m)	purātatvavid
archäologisch	पुरातात्विक	purātātvik
Ausgrabungsstätte (f)	खुदाई क्षेत्र (m pl)	khudaī kshetr
Ausgrabungen (pl)	उत्खनन (f)	utkhanan
Fund (m)	खोज (f)	khoj
Fragment (n)	टुकड़ा (m)	tukara

116. Mittelalter

Volk (n)	लोग (m)	log
Völker (pl)	लोग (m pl)	log
Stamm (m)	जनजाति (f)	janajāti
Stämme (pl)	जनजातियाँ (f pl)	janajātiyān
Barbaren (pl)	बर्बर (m pl)	barbar

Gallier (pl)	गॉल्स (m pl)	gols
Goten (pl)	गोथ्स (m pl)	goths
Slawen (pl)	स्लैव्स (m pl)	slaivs
Wikinger (pl)	वाइकिंग्स (m pl)	vaikings
Römer (pl)	रोमन (m pl)	roman
römisch	रोमन	roman
Byzantiner (pl)	बाइज़ेंटीनी (m pl)	baizentīnī
Byzanz (n)	बाइज़ेंटीयम (m)	baizentīyam
byzantinisch	बाइज़ेंटीन	baizentīn
Kaiser (m)	सम्राट् (m)	samrāt
Häuptling (m)	सरदार (m)	saradār
mächtig (Kaiser usw.)	प्रबल	prabal
König (m)	बादशाह (m)	bādashāh
Herrscher (Monarch)	शासक (m)	shāsak
Ritter (m)	योद्धा (m)	yoddha
Feudalherr (m)	सामंत (m)	sāmant
feudal, Feudal-	सामंतिक	sāmantik
Vasall (m)	जागीरदार (m)	jāgīradār
Herzog (m)	ड्यूक (m)	dyūk
Graf (m)	अर्ल (m)	arl
Baron (m)	बैरन (m)	bairan
Bischof (m)	बिशप (m)	bishap
Rüstung (f)	कवच (m)	kavach
Schild (m)	ढाल (m)	dhāl
Schwert (n)	तलवार (f)	talavār
Visier (n)	मुखावरण (m)	mukhāvaran
Panzerhemd (n)	कवच (m)	kavach
Kreuzzug (m)	धर्मयुद्ध (m)	dharmayuddh
Kreuzritter (m)	धर्मयोद्धा (m)	dharmayoddha
Territorium (n)	प्रदेश (m)	pradesh
einfallen (vt)	हमला करना	hamala karana
erobern (vt)	जीतना	jītana
besetzen (Land usw.)	कब्ज़ा करना	kabza karana
Belagerung (f)	घेरा (m)	ghera
belagert	घेरा हुआ	ghera hua
belagern (vt)	घेरना	gherana
Inquisition (f)	न्यायिक जांच (m)	nyāyik jānch
Inquisitor (m)	न्यायिक जांचकर्ता (m)	nyāyik jānchakarta
Folter (f)	घोर शारीरिक यंत्रणा (f)	ghor sharīrik yantrana
grausam (-e Folter)	निर्दयी	nirdayī
Häretiker (m)	विधर्मी (m)	vidharmī
Häresie (f)	विधर्म (m)	vidharm
Seefahrt (f)	जहाज़रानी (f)	jahāzarānī
Seeräuber (m)	समुद्री लूटेरा (m)	samudrī lūtera
Seeräuberei (f)	समुद्री डकैती (f)	samudrī dakaitī

Enterung (f)	बोर्डिंग (m)	bording
Beute (f)	लूट का माल (m)	lūt ka māl
Schätze (pl)	ख़ज़ाना (m)	khazāna
Entdeckung (f)	खोज (f)	khoj
entdecken (vt)	नई ज़मीन खोजना	naī zamīn khojana
Expedition (f)	अभियान (m)	abhiyān
Musketier (m)	बंदूक धारी सिपाही (m)	bandūk dhārī sipāhī
Kardinal (m)	कार्डिनल (m)	kārdinal
Heraldik (f)	शौर्यशास्त्र (f)	shauryashāstr
heraldisch	हेरल्डिक	heraldik

117. Führungspersonen. Chef. Behörden

König (m)	बादशाह (m)	bādashāh
Königin (f)	महारानी (f)	mahārānī
königlich	राजसी	rājasī
Königreich (n)	राज्य (m)	rājy
Prinz (m)	राजकुमार (m)	rājakumār
Prinzessin (f)	राजकुमारी (f)	rājakumārī
Präsident (m)	राष्ट्रपति (m)	rāshtrapati
Vizepräsident (m)	उपराष्ट्रपति (m)	uparāshtrapati
Senator (m)	सांसद (m)	sānsad
Monarch (m)	सम्राट (m)	samrāt
Herrscher (m)	शासक (m)	shāsak
Diktator (m)	तानाशाह (m)	tānāshāh
Tyrann (m)	तानाशाह (m)	tānāshāh
Magnat (m)	रईस (m)	raīs
Direktor (m)	निदेशक (m)	nideshak
Chef (m)	मुखिया (m)	mukhiya
Leiter (einer Abteilung)	मैनेजर (m)	mainejar
Boss (m)	साहब (m)	sāhab
Eigentümer (m)	मालिक (m)	mālik
Leiter (Delegations-)	मुखिया (m)	mukhiya
Behörden (pl)	अधिकारी वर्ग (m pl)	adhikārī varg
Vorgesetzten (pl)	अधिकारी (m)	adhikārī
Gouverneur (m)	राज्यपाल (m)	rājyapāl
Konsul (m)	वाणिज्य-दूत (m)	vānijy-dūt
Diplomat (m)	राजनयिक (m)	rājanayik
Bürgermeister (m)	महापालिकाध्यक्ष (m)	mahāpālikādhyaksh
Sheriff (m)	प्रधान हाकिम (m)	pradhān hākim
Kaiser (m)	सम्राट (m)	samrāt
Zar (m)	राजा (m)	rāja
Pharao (m)	फिरौन (m)	firaun
Khan (m)	ख़ान (m)	khān

118. Gesetzesverstoß Verbrecher. Teil 1

Bandit (m)	डाकू (m)	dākū
Verbrechen (n)	जुर्म (m)	jurm
Verbrecher (m)	अपराधी (m)	aparādhī
Dieb (m)	चोर (m)	chor
Diebstahl (m), Stehlen (n)	चोरी (f)	chorī
kidnappen (vt)	अपहरण करना	apaharan karana
Kidnapping (n)	अपहरण (m)	apaharan
Kidnapper (m)	अपहरणकर्ता (m)	apaharanakartta
Lösegeld (n)	फ़िरौती (f)	firautī
Lösegeld verlangen	फ़िरौती मांगना	firautī māngana
rauben (vt)	लूटना	lūtana
Räuber (m)	लुटेरा (m)	lutera
erpressen (vt)	ऐंठना	ainthana
Erpresser (m)	वसूलिकर्ता (m)	vasūlikarta
Erpressung (f)	जबरन वसूली (m)	jabaran vasūlī
morden (vt)	मारना	mārana
Mord (m)	हत्या (f)	hatya
Mörder (m)	हत्यारा (m)	hatyāra
Schuss (m)	गोली (m)	golī
schießen (vt)	गोली चलाना	golī chalāna
erschießen (vt)	गोली मारकर हत्या करना	golī mārakar hatya karana
feuern (vi)	गोली चलाना	golī chalāna
Schießerei (f)	गोलीबारी (f)	golībārī
Vorfall (m)	घटना (f)	ghatana
Schlägerei (f)	झगड़ा (m)	jhagara
Hilfe!	बचाओ!	bachao!
Opfer (n)	शिकार (m)	shikār
beschädigen (vt)	हानि पहुँचाना	hāni pahunchāna
Schaden (m)	नुक्सान (m)	nuksān
Leiche (f)	शव (m)	shav
schwer (-es Verbrechen)	गंभीर	gambhīr
angreifen (vt)	आक्रमण करना	ākraman karana
schlagen (vt)	पीटना	pītana
verprügeln (vt)	पीट जाना	pīt jāna
wegnehmen (vt)	लूटना	lūtana
erstechen (vt)	चाकू से मार डालना	chākū se mār dālana
verstümmeln (vt)	अपाहिज करना	apāhij karana
verwunden (vt)	घाव करना	ghāv karana
Erpressung (f)	ब्लैकमेल (m)	blaikamel
erpressen (vt)	धमकी से रुपया ऐंठना	dhamakī se rupaya ainthana
Erpresser (m)	ब्लैकमेलर (m)	blaikamelar
Schutzgelderpressung (f)	ठग व्यापार (m)	thag vyāpār

Erpresser (Racketeer)	ठग व्यापारी (m)	thag vyāpārī
Gangster (m)	गैंगस्टर (m)	gaingastar
Mafia (f)	माफ़िया (f)	māfiya
Taschendieb (m)	जेबकतरा (m)	jebakatara
Einbrecher (m)	सेंधमार (m)	sendhamār
Schmuggel (m)	तस्करी (m)	taskarī
Schmuggler (m)	तस्कर (m)	taskar
Fälschung (f)	जालसाज़ी (f)	jālasāzī
fälschen (vt)	जलसाज़ी करना	jalasāzī karana
gefälscht	नक़ली	naqalī

119. Gesetzesbruch. Verbrecher. Teil 2

Vergewaltigung (f)	बलात्कार (m)	balātkār
vergewaltigen (vt)	बलात्कार करना	balātkār karana
Gewalttäter (m)	बलात्कारी (m)	balātkārī
Besessene (m)	कामोन्मादी (m)	kāmonmādī
Prostituierte (f)	वैश्या (f)	vaishya
Prostitution (f)	वेश्यावृत्ति (m)	veshyāvrtti
Zuhälter (m)	भडुआ (m)	bharua
Drogenabhängiger (m)	नशेबाज़ (m)	nashebāz
Drogenhändler (m)	नशीली दवा के विक्रेता (m)	nashīlī dava ke vikreta
sprengen (vt)	विस्फोट करना	visfot karana
Explosion (f)	विस्फोट (m)	visfot
in Brand stecken	आग जलाना	āg jalāna
Brandstifter (m)	आग जलानेवाला (m)	āg jalānevāla
Terrorismus (m)	आतंकवाद (m)	ātankavād
Terrorist (m)	आतंकवादी (m)	ātankavādī
Geisel (m, f)	बंधक (m)	bandhak
betrügen (vt)	धोखा देना	dhokha dena
Betrug (m)	धोखा (m)	dhokha
Betrüger (m)	धोखेबाज़ (m)	dhokhebāz
bestechen (vt)	रिश्वत देना	rishvat dena
Bestechlichkeit (f)	रिश्वतखोरी (m)	rishvatakhorī
Bestechungsgeld (n)	रिश्वत (m)	rishvat
Gift (n)	ज़हर (m)	zahar
vergiften (vt)	ज़हर खिलाना	zahar khilāna
sich vergiften	ज़हर खाना	zahar khāna
Selbstmord (m)	आत्महत्या (f)	ātmahatya
Selbstmörder (m)	आत्महत्यारा (m)	ātmahatyāra
drohen (vi)	धमकाना	dhamakāna
Drohung (f)	धमकी (f)	dhamakī
versuchen (vt)	प्रयत्न करना	prayatn karana

Attentat (n)	हत्या का प्रयत्न (m)	hatya ka prayatn
stehlen (Auto ~)	चुराना	churāna
entführen (Flugzeug ~)	विमान का अपहरण करना	vimān ka apaharan karana
Rache (f)	बदला (m)	badala
sich rächen	बदला लेना	badala lena
foltern (vt)	घोर शारीरिक यंत्रणा पहुँचाना	ghor sharīrik yantrana pahunchāna
Folter (f)	घोर शारीरिक यंत्रणा (f)	ghor sharīrik yantrana
quälen (vt)	सताना	satāna
Seeräuber (m)	समुद्री लुटेरा (m)	samudrī lūtera
Rowdy (m)	बदमाश (m)	badamāsh
bewaffnet	सशस्त्र	sashastr
Gewalt (f)	अत्याचार (m)	atyachār
Spionage (f)	जासूसी (f)	jāsūsī
spionieren (vi)	जासूसी करना	jāsūsī karana

120. Polizei Recht. Teil 1

Justiz (f)	मुक़दमा (m)	muqadama
Gericht (n)	न्यायालय (m)	nyāyālay
Richter (m)	न्यायाधीश (m)	nyāyādhīsh
Geschworenen (pl)	जूरी सदस्य (m pl)	jūrī sadasy
Geschworenengericht (n)	जूरी (f)	jūrī
richten (vt)	मुक़दमा सुनना	muqadama sunana
Rechtsanwalt (m)	वकील (m)	vakīl
Angeklagte (m)	मुलज़िम (m)	mulazim
Anklagebank (f)	अदालत का कठघरा (m)	adālat ka kathaghara
Anklage (f)	आरोप (m)	ārop
Beschuldigte (m)	मुलज़िम (m)	mulazim
Urteil (n)	निर्णय (m)	nirnay
verurteilen (vt)	निर्णय करना	nirnay karana
Schuldige (m)	दोषी (m)	doshī
bestrafen (vt)	सज़ा देना	saza dena
Strafe (f)	सज़ा (f)	saza
Geldstrafe (f)	जुर्माना (m)	jurmāna
lebenslange Haft (f)	आजीवन कारावास (m)	ājīvan karāvās
Todesstrafe (f)	मृत्युदंड (m)	mrtyudand
elektrischer Stuhl (m)	बिजली की कुर्सी (f)	bijalī kī kursī
Galgen (m)	फांसी का तख़्ता (m)	fānsī ka takhta
hinrichten (vt)	फांसी देना	fānsī dena
Hinrichtung (f)	मौत की सज़ा (f)	maut kī saza
Gefängnis (n)	जेल (f)	jel
Zelle (f)	जेल का कमरा (m)	jel ka kamara

Eskorte (f)	अनुरक्षक दल (m)	anurakshak dal
Gefängniswärter (m)	जेल का पहरेदार (m)	jel ka paharedār
Gefangene (m)	कैदी (m)	qaidī
Handschellen (pl)	हथकड़ी (f)	hathakarī
Handschellen anlegen	हथकड़ी लगाना	hathakarī lagāna
Ausbruch (Flucht)	काराभंग (m)	kārābhang
ausbrechen (vi)	जेल से फरार हो जाना	jel se farār ho jāna
verschwinden (vi)	ग़ायब हो जाना	gāyab ho jāna
aus ... entlassen	जेल से आज़ाद होना	jel se āzād hona
Amnestie (f)	राजक्षमा (f)	rājakshama
Polizei (f)	पुलिस (m)	pulis
Polizist (m)	पुलिसवाला (m)	pulisavāla
Polizeiwache (f)	थाना (m)	thāna
Gummiknüppel (m)	रबड़ की लाठी (f)	rabar kī lāthī
Sprachrohr (n)	मेगाफ़ोन (m)	megāfon
Streifenwagen (m)	गश्त कार (f)	gasht kār
Sirene (f)	साइरन (f)	sairan
die Sirene einschalten	साइरन बजाना	sairan bajāna
Sirenengeheul (n)	साइरन की चिल्लाहट (m)	sairan kī chillāhat
Tatort (m)	घटना स्थल (m)	ghatana sthal
Zeuge (m)	गवाह (m)	gavāh
Freiheit (f)	आज़ादी (f)	āzādī
Komplize (m)	सह अपराधी (m)	sah aparādhī
verschwinden (vi)	भाग जाना	bhāg jāna
Spur (f)	निशान (m)	nishān

121. Polizei. Recht. Teil 2

Fahndung (f)	तफ़तीश (f)	tafatīsh
suchen (vt)	तफ़तीश करना	tafatīsh karana
Verdacht (m)	शक (m)	shak
verdächtig (Adj)	शक करना	shak karana
anhalten (Polizei)	रोकना	rokana
verhaften (vt)	रोक के रखना	rok ke rakhana
Fall (m), Klage (f)	मुक़दमा (m)	mukadama
Untersuchung (f)	जांच (f)	jānch
Detektiv (m)	जासूस (m)	jāsūs
Ermittlungsrichter (m)	जांचकर्ता (m)	jānchakartta
Version (f)	अंदाज़ा (m)	andāza
Motiv (n)	वजह (f)	vajah
Verhör (n)	पूछताछ (f)	pūchhatāchh
verhören (vt)	पूछताछ करना	pūchhatāchh karana
vernehmen (vt)	पूछताछ करना	puchhatāchh karana
Kontrolle (Personen-)	जांच (f)	jānch
Razzia (f)	घेराव (m)	gherāv
Durchsuchung (f)	तलाशी (f)	talāshī

Verfolgung (f)	पीछा (m)	pīchha
nachjagen (vi)	पीछा करना	pīchha karana
verfolgen (vt)	खोज निकालना	khoj nikālana
Verhaftung (f)	गिरफ्तारी (f)	giraftārī
verhaften (vt)	गिरफ्तार करना	giraftār karana
fangen (vt)	पकड़ना	pakarana
Festnahme (f)	पकड़ (m)	pakar
Dokument (n)	दस्तावेज़ (m)	dastāvez
Beweis (m)	सबूत (m)	sabūt
beweisen (vt)	साबित करना	sābit karana
Fußspur (f)	पैरों के निशान (m)	pairon ke nishān
Fingerabdrücke (pl)	उंगलियों के निशान (m)	ungaliyon ke nishān
Beweisstück (n)	सबूत (m)	sabūt
Alibi (n)	अन्यत्रता (m)	anyatrata
unschuldig	बेगुनाह	begunāh
Ungerechtigkeit (f)	अन्याय (m)	anyāy
ungerecht	अन्यायपूर्ण	anyāyapūrn
Kriminal-	आपराधिक	āparādhik
beschlagnahmen (vt)	कुर्क करना	kurk karana
Droge (f)	अवैध पदार्थ (m)	avaidh padārth
Waffe (f)	हथियार (m)	hathiyār
entwaffnen (vt)	निरस्त्र करना	nirastr karana
befehlen (vt)	हुक्म देना	hukm dena
verschwinden (vi)	गायब होना	gāyab hona
Gesetz (n)	कानून (m)	kānūn
gesetzlich	कानूनी	kānūnī
ungesetzlich	अवैध	avaidh
Verantwortlichkeit (f)	ज़िम्मेदारी (f)	zimmedārī
verantwortlich	ज़िम्मेदार	zimmedār

NATUR

Die Erde. Teil 1

122. Weltall

Kosmos (m)	अंतरिक्ष (m)	antariksh
kosmisch, Raum-	अंतरिक्षीय	antarikshīy
Weltraum (m)	अंतरिक्ष (m)	antariksh
All (n), Universum (n)	ब्रह्माण्ड (m)	brahmānd
Galaxie (f)	आकाशगंगा (f)	ākāshaganga
Stern (m)	सितारा (m)	sitāra
Gestirn (n)	नक्षत्र (m)	nakshatr
Planet (m)	ग्रह (m)	grah
Satellit (m)	उपग्रह (m)	upagrah
Meteorit (m)	उल्का पिंड (m)	ulka pind
Komet (m)	पुच्छल तारा (m)	puchchhal tāra
Asteroid (m)	ग्रहिका (f)	grahika
Umlaufbahn (f)	ग्रहपथ (m)	grahapath
sich drehen	चक्कर लगाना	chakkar lagana
Atmosphäre (f)	वातावरण (m)	vātāvaran
Sonne (f)	सूरज (m)	sūraj
Sonnensystem (n)	सौर प्रणाली (f)	saur pranālī
Sonnenfinsternis (f)	सूर्य ग्रहण (m)	sūry grahan
Erde (f)	पृथ्वी (f)	prthvī
Mond (m)	चांद (m)	chānd
Mars (m)	मंगल (m)	mangal
Venus (f)	शुक्र (m)	shukr
Jupiter (m)	बृहस्पति (m)	brhaspati
Saturn (m)	शनि (m)	shani
Merkur (m)	बुध (m)	budh
Uran (m)	अरुण (m)	arun
Neptun (m)	वरुण (m)	varūn
Pluto (m)	प्लूटो (m)	plūto
Milchstraße (f)	आकाश गंगा (f)	ākāsh ganga
Der Große Bär	सप्तर्षिमंडल (m)	saptarshimandal
Polarstern (m)	ध्रुव तारा (m)	dhruv tāra
Marsbewohner (m)	मंगल ग्रह का निवासी (m)	mangal grah ka nivāsī
Außerirdischer (m)	अन्य नक्षत्र का निवासी (m)	any nakshatr ka nivāsī
außerirdisches Wesen (n)	अन्य नक्षत्र का निवासी (m)	any nakshatr ka nivāsī

fliegende Untertasse (f)	उड़न तश्तरी (f)	uran tashtarī
Raumschiff (n)	अंतरिक्ष विमान (m)	antariksh vimān
Raumstation (f)	अंतरिक्ष अड्डा (m)	antariksh adda
Raketenstart (m)	चालू करना (m)	chālū karana
Triebwerk (n)	इंजन (m)	injan
Düse (f)	नोज़ल (m)	nozal
Treibstoff (m)	ईंधन (m)	īndhan
Kabine (f)	केबिन (m)	kebin
Antenne (f)	एरियल (m)	eriyal
Bullauge (n)	विमान गवाक्ष (m)	vimān gavāksh
Sonnenbatterie (f)	सौर पेनल (m)	saur penal
Raumanzug (m)	अंतरिक्ष पोशाक (m)	antariksh poshāk
Schwerelosigkeit (f)	भारहीनता (m)	bhārahīnata
Sauerstoff (m)	आक्सीजन (m)	āksījan
Ankopplung (f)	डॉकिंग (f)	doking
koppeln (vi)	डॉकिंग करना	doking karana
Observatorium (n)	वेधशाला (m)	vedhashāla
Teleskop (n)	दूरबीन (f)	dūrabīn
beobachten (vt)	देखना	dekhana
erforschen (vt)	जाँचना	jānchana

123. Die Erde

Erde (f)	पृथ्वी (f)	prthvī
Erdkugel (f)	गोला (m)	gola
Planet (m)	ग्रह (m)	grah
Atmosphäre (f)	वातावरण (m)	vātāvaran
Geographie (f)	भूगोल (m)	bhūgol
Natur (f)	प्रकृति (f)	prakrti
Globus (m)	गोलक (m)	golak
Landkarte (f)	नक्शा (m)	naksha
Atlas (m)	मानचित्रावली (f)	mānachitrāvalī
Europa (n)	यूरोप (m)	yūrop
Asien (n)	एशिया (f)	eshiya
Afrika (n)	अफ्रीका (m)	afrīka
Australien (n)	ऑस्ट्रेलिया (m)	ostreliya
Amerika (n)	अमेरिका (f)	amerika
Nordamerika (n)	उत्तरी अमेरिका (f)	uttarī amerika
Südamerika (n)	दक्षिणी अमेरिका (f)	dakshinī amerika
Antarktis (f)	अंटार्कटिक (m)	antārkatik
Arktis (f)	आर्कटिक (m)	ārkatik

124. Himmelsrichtungen

Norden (m)	उत्तर (m)	uttar
nach Norden	उत्तर की ओर	uttar kī or
im Norden	उत्तर में	uttar men
nördlich	उत्तरी	uttarī
Süden (m)	दक्षिण (m)	dakshin
nach Süden	दक्षिण की ओर	dakshin kī or
im Süden	दक्षिण में	dakshin men
südlich	दक्षिणी	dakshinī
Westen (m)	पश्चिम (m)	pashchim
nach Westen	पश्चिम की ओर	pashchim kī or
im Westen	पश्चिम में	pashchim men
westlich, West-	पश्चिमी	pashchimī
Osten (m)	पूर्व (m)	pūrv
nach Osten	पूर्व की ओर	pūrv kī or
im Osten	पूर्व में	pūrv men
östlich	पूर्वी	pūrvī

125. Meer. Ozean

Meer (n), See (f)	सागर (m)	sāgar
Ozean (m)	महासागर (m)	mahāsāgar
Golf (m)	खाड़ी (f)	khārī
Meerenge (f)	जलग्रीवा (m)	jalagrīva
Kontinent (m)	महाद्वीप (m)	mahādvīp
Insel (f)	द्वीप (m)	dvīp
Halbinsel (f)	प्रायद्वीप (m)	prāyadvīp
Archipel (m)	द्वीप समूह (m)	dvīp samūh
Bucht (f)	तट-खाड़ी (f)	tat-khārī
Hafen (m)	बंदरगाह (m)	bandaragāh
Lagune (f)	लैगून (m)	laigūn
Kap (n)	अंतरीप (m)	antarīp
Atoll (n)	एटोल (m)	etol
Riff (n)	रीफ़ (m)	rīf
Koralle (f)	प्रवाल (m)	pravāl
Korallenriff (n)	प्रवाल रीफ़ (m)	pravāl rīf
tief (Adj)	गहरा	gahara
Tiefe (f)	गहराई (f)	gaharaī
Abgrund (m)	रसातल (m)	rasātal
Graben (m)	गढ़ा (m)	garha
Strom (m)	धारा (f)	dhāra
umspülen (vt)	घिरा होना	ghira hona
Ufer (n)	किनारा (m)	kināra
Küste (f)	तटबंध (m)	tatabandh

Flut (f)	ज्वार (m)	jvār
Ebbe (f)	भाटा (m)	bhāta
Sandbank (f)	रेती (m)	retī
Boden (m)	तला (m)	tala
Welle (f)	तरंग (f)	tarang
Wellenkamm (m)	तरंग शिखर (f)	tarang shikhar
Schaum (m)	झाग (m)	jhāg
Orkan (m)	तुफ़ान (m)	tufān
Tsunami (m)	सुनामी (f)	sunāmī
Windstille (f)	शांत (m)	shānt
ruhig	शांत	shānt
Pol (m)	ध्रुव (m)	dhruv
Polar-	ध्रुवीय	dhruvīy
Breite (f)	अक्षांश (m)	akshānsh
Länge (f)	देशान्तर (m)	deshāntar
Breitenkreis (m)	समांतर-रेखा (f)	samāntar-rekha
Äquator (m)	भूमध्य रेखा (f)	bhūmadhy rekha
Himmel (m)	आकाश (f)	ākāsh
Horizont (m)	क्षितिज (m)	kshitij
Luft (f)	हवा (f)	hava
Leuchtturm (m)	प्रकाशस्तंभ (m)	prakāshastambh
tauchen (vi)	गोता मारना	gota mārana
versinken (vi)	डूब जाना	dūb jāna
Schätze (pl)	ख़ज़ाना (m)	khazāna

126. Namen der Meere und Ozeane

Atlantischer Ozean (m)	अटलांटिक महासागर (m)	atalāntik mahāsāgar
Indischer Ozean (m)	हिन्द महासागर (m)	hind mahāsāgar
Pazifischer Ozean (m)	प्रशांत महासागर (m)	prashānt mahāsāgar
Arktischer Ozean (m)	उत्तरी ध्रुव महासागर (m)	uttarī dhuv mahāsāgar
Schwarzes Meer (n)	काला सागर (m)	kāla sāgar
Rotes Meer (n)	लाल सागर (m)	lāl sāgar
Gelbes Meer (n)	पीला सागर (m)	pīla sāgar
Weißes Meer (n)	सफ़ेद सागर (m)	safed sāgar
Kaspisches Meer (n)	कैस्पियन सागर (m)	kaispiyan sāgar
Totes Meer (n)	मृत सागर (m)	mrt sāgar
Mittelmeer (n)	भूमध्य सागर (m)	bhūmadhy sāgar
Ägäisches Meer (n)	ईजियन सागर (m)	ījiyan sāgar
Adriatisches Meer (n)	एड्रिपटिक सागर (m)	edrietik sāgar
Arabisches Meer (n)	अरब सागर (m)	arab sāgar
Japanisches Meer (n)	जापान सागर (m)	jāpān sāgar
Beringmeer (n)	बेरिंग सागर (m)	bering sāgar
Südchinesisches Meer (n)	दक्षिण चीन सागर (m)	dakshin chīn sāgar

Korallenmeer (n)	कोरल सागर (m)	koral sāgar
Tasmansee (f)	तस्मान सागर (m)	tasmān sāgar
Karibisches Meer (n)	करिबियन सागर (m)	karibiyan sāgar
Barentssee (f)	बैरेंट्स सागर (m)	bairents sāgar
Karasee (f)	काड़ा सागर (m)	kāra sāgar
Nordsee (f)	उत्तर सागर (m)	uttar sāgar
Ostsee (f)	बाल्टिक सागर (m)	bāltik sāgar
Nordmeer (n)	नार्वे सागर (m)	nārve sāgar

127. Berge

Berg (m)	पहाड़ (m)	pahār
Gebirgskette (f)	पर्वत माला (f)	parvat māla
Bergrücken (m)	पहाड़ों का सिलसिला (m)	pahāron ka silasila
Gipfel (m)	चोटी (f)	chotī
Spitze (f)	शिखर (m)	shikhar
Bergfuß (m)	तलहटी (f)	talahatī
Abhang (m)	ढलान (f)	dhalān
Vulkan (m)	ज्वालामुखी (m)	jvālāmukhī
tätiger Vulkan (m)	सक्रिय ज्वालामुखी (m)	sakriy jvālāmukhī
schlafender Vulkan (m)	निष्क्रिय ज्वालामुखी (m)	nishkriy jvālāmukhī
Ausbruch (m)	विस्फोटन (m)	visfotan
Krater (m)	ज्वालामुखी का मुख (m)	jvālāmukhī ka mukh
Magma (n)	मैग्मा (m)	maigma
Lava (f)	लावा (m)	lāva
glühend heiß (-e Lava)	पिघला हुआ	pighala hua
Cañon (m)	घाटी (m)	ghātī
Schlucht (f)	तंग घाटी (f)	tang ghātī
Spalte (f)	दरार (m)	darār
Gebirgspass (m)	मार्ग (m)	mārg
Plateau (n)	पठार (m)	pathār
Fels (m)	शिला (f)	shila
Hügel (m)	टीला (m)	tīla
Gletscher (m)	हिमनद (m)	himanad
Wasserfall (m)	झरना (m)	jharana
Geiser (m)	उष्ण जल स्रोत (m)	ushn jal srot
See (m)	तालाब (m)	tālāb
Ebene (f)	समतल प्रदेश (m)	samatal pradesh
Landschaft (f)	परिदृश्य (m)	paridrshy
Echo (n)	गूँज (f)	gūnj
Bergsteiger (m)	पर्वतारोही (m)	parvatārohī
Kletterer (m)	पर्वतारोही (m)	parvatārohī
bezwingen (vt)	चोटी पर पहुँचना	chotī par pahunchana
Aufstieg (m)	चढ़ाव (m)	charhāv

128. Namen der Berge

Alpen (pl)	आल्पस (m)	ālpas
Montblanc (m)	मोन्ट ब्लैंक (m)	mont blaink
Pyrenäen (pl)	पाइरीनीज़ (f pl)	pairīnīz
Karpaten (pl)	कार्पाथियेन्स (m)	kārpāthiyens
Uralgebirge (n)	यूराल (m)	yūral
Kaukasus (m)	कोकेशिया के पहाड़ (m)	kokeshiya ke pahāṛ
Elbrus (m)	एल्ब्रस पर्वत (m)	elbras parvat
Altai (m)	अल्टाई पर्वत (m)	altaī parvat
Tian Shan (m)	तियान शान (m)	tiyān shān
Pamir (m)	पामीर पर्वत (m)	pāmīr parvat
Himalaja (m)	हिमालय (m)	himālay
Everest (m)	माउंट एवरेस्ट (m)	maunt evarest
Anden (pl)	एंडीज़ (f pl)	endīz
Kilimandscharo (m)	किलीमन्जारो (m)	kilīmanjāro

129. Flüsse

Fluss (m)	नदी (f)	nadī
Quelle (f)	झरना (m)	jharana
Flussbett (n)	नदी तल (m)	nadī tal
Stromgebiet (n)	बेसिन (m)	besin
einmünden in …	गिरना	girana
Nebenfluss (m)	उपनदी (f)	upanadī
Ufer (n)	तट (m)	tat
Strom (m)	धारा (f)	dhāra
stromabwärts	बहाव के साथ	bahāv ke sāth
stromaufwärts	बहाव के विरुद्ध	bahāv ke virūddh
Überschwemmung (f)	बाढ़ (f)	bāṛh
Hochwasser (n)	बाढ़ (f)	bāṛh
aus den Ufern treten	उमड़ना	umarana
überfluten (vt)	पानी से भरना	pānī se bharana
Sandbank (f)	छिछला पानी (m)	chhichhala pānī
Stromschnelle (f)	तेज़ उतार (m)	tez utār
Damm (m)	बांध (m)	bāndh
Kanal (m)	नहर (f)	nahar
Stausee (m)	जलाशय (m)	jalāshay
Schleuse (f)	स्लूस (m)	slūs
Gewässer (n)	जल स्रोत (m)	jal srot
Sumpf (m), Moor (n)	दलदल (f)	daladal
Marsch (f)	दलदल (f)	daladal
Strudel (m)	भंवर (m)	bhanvar
Bach (m)	झरना (m)	jharana

Trink- (z.B. Trinkwasser)	पीने का	pīne ka
Süß- (Wasser)	ताज़ा	tāza
Eis (n)	बर्फ़ (m)	barf
zufrieren (vi)	जम जाना	jam jāna

130. Namen der Flüsse

Seine (f)	सीन (f)	sīn
Loire (f)	लॉयर (f)	loyar
Themse (f)	थेम्स (f)	thems
Rhein (m)	राइन (f)	rain
Donau (f)	डेन्यूब (f)	denyūb
Wolga (f)	वोल्गा (f)	volga
Don (m)	डॉन (f)	don
Lena (f)	लेना (f)	lena
Gelber Fluss (m)	ह्वांग हे (f)	hvāng he
Jangtse (m)	यांग्त्ज़ी (f)	yāngtzī
Mekong (m)	मेकांग (f)	mekāng
Ganges (m)	गंगा (f)	ganga
Nil (m)	नील (f)	nīl
Kongo (m)	कांगो (f)	kāngo
Okavango (m)	ओकावान्गो (f)	okāvāngo
Sambesi (m)	ज़म्बेज़ी (f)	zambezī
Limpopo (m)	लिम्पोपो (f)	limpopo
Mississippi (m)	मिसिसिपी (f)	misisipī

131. Wald

Wald (m)	जंगल (m)	jangal
Wald-	जंगली	jangalī
Dickicht (n)	घना जंगल (m)	ghana jangal
Gehölz (n)	उपवान (m)	upavān
Lichtung (f)	खुला छोटा मैदान (m)	khula chhota maidān
Dickicht (n)	झाड़ियाँ (f pl)	jhāriyān
Gebüsch (n)	झाड़ियों भरा मैदान (m)	jhāriyon bhara maidān
Fußweg (m)	फुटपाथ (m)	futapāth
Erosionsrinne (f)	नाली (f)	nālī
Baum (m)	पेड़ (m)	per
Blatt (n)	पत्ता (m)	patta
Laub (n)	पत्तियां (f)	pattiyān
Laubfall (m)	पतझड़ (m)	patajhar
fallen (Blätter)	गिरना	girana

Wipfel (m)	शिखर (m)	shikhar
Zweig (m)	टहनी (f)	tahanī
Ast (m)	शाखा (f)	shākha
Knospe (f)	कलिका (f)	kalika
Nadel (f)	सुई (f)	suī
Zapfen (m)	शंकुफल (m)	shankufal
Höhlung (f)	खोखला (m)	khokhala
Nest (n)	घोंसला (m)	ghonsala
Höhle (f)	बिल (m)	bil
Stamm (m)	तना (m)	tana
Wurzel (f)	जड़ (f)	jar
Rinde (f)	छाल (f)	chhāl
Moos (n)	काई (f)	kaī
entwurzeln (vt)	उखाड़ना	ukhārana
fällen (vt)	काटना	kātana
abholzen (vt)	जंगल काटना	jangal kātana
Baumstumpf (m)	ठूंठ (m)	thūnth
Lagerfeuer (n)	अलाव (m)	alāv
Waldbrand (m)	जंगल की आग (f)	jangal kī āg
löschen (vt)	आग बुझाना	āg bujhāna
Förster (m)	वनरक्षक (m)	vanarakshak
Schutz (m)	रक्षा (f)	raksha
beschützen (vt)	रक्षा करना	raksha karana
Wilddieb (m)	चोर शिकारी (m)	chor shikārī
Falle (f)	फंदा (m)	fanda
sammeln, pflücken (vt)	बटोरना	batorana
sich verirren	रास्ता भूलना	rāsta bhūlana

132. natürliche Lebensgrundlagen

Naturressourcen (pl)	प्राकृतिक संसाधन (m pl)	prākrtik sansādhan
Bodenschätze (pl)	खनिज पदार्थ (m pl)	khanij padārth
Vorkommen (n)	तह (f pl)	tah
Feld (Ölfeld usw.)	क्षेत्र (m)	kshetr
gewinnen (vt)	खोदना	khodana
Gewinnung (f)	खनिकर्म (m)	khanikarm
Erz (n)	अयस्क (m)	ayask
Bergwerk (n)	खान (f)	khān
Schacht (m)	शैफ़ट (m)	shaifat
Bergarbeiter (m)	खनिक (f)	khanik
Erdgas (n)	गैस (m)	gais
Gasleitung (f)	गैस पाइप लाइन (m)	gais paip lain
Erdöl (n)	पेट्रोल (m)	petrol
Erdölleitung (f)	तेल पाइप लाइन (m)	tel paip lain
Ölquelle (f)	तेल का कुँआ (m)	tel ka kuna

Bohrturm (m)	डेरिक (m)	derik
Tanker (m)	टैंकर (m)	tainkar
Sand (m)	रेत (m)	ret
Kalkstein (m)	चूना पत्थर (m)	chūna patthar
Kies (m)	बजरी (f)	bajarī
Torf (m)	पीट (m)	pīt
Ton (m)	मिट्टी (f)	mittī
Kohle (f)	कोयला (m)	koyala
Eisen (n)	लोहा (m)	loha
Gold (n)	सोना (m)	sona
Silber (n)	चाँदी (f)	chāndī
Nickel (n)	गिलट (m)	gilat
Kupfer (n)	ताँबा (m)	tānba
Zink (n)	जस्ता (m)	jasta
Mangan (n)	अयस (m)	ayas
Quecksilber (n)	पारा (f)	pāra
Blei (n)	सीसा (f)	sīsa
Mineral (n)	खनिज (m)	khanij
Kristall (m)	क्रिस्टल (m)	kristal
Marmor (m)	संगमरमर (m)	sangamaramar
Uran (n)	यूरेनियम (m)	yūreniyam

Die Erde. Teil 2

133. Wetter

Wetter (n)	मौसम (m)	mausam
Wetterbericht (m)	मौसम का पूर्वानुमान (m)	mausam ka pūrvānumān
Temperatur (f)	तापमान (m)	tāpamān
Thermometer (n)	थर्मामीटर (m)	tharmāmītar
Barometer (n)	बैरोमीटर (m)	bairomītar
Feuchtigkeit (f)	नमी (f)	namī
Hitze (f)	गरमी (f)	garamī
glutheiß	गरम	garam
ist heiß	गरमी है	garamī hai
ist warm	गरम है	garam hai
warm (Adj)	गरम	garam
ist kalt	ठंडक है	thandak hai
kalt (Adj)	ठंडा	thanda
Sonne (f)	सूरज (m)	sūraj
scheinen (vi)	चमकना	chamakana
sonnig (Adj)	धूपदार	dhūpadār
aufgehen (vi)	उगना	ugana
untergehen (vi)	डूबना	dūbana
Wolke (f)	बादल (m)	bādal
bewölkt, wolkig	मेघाच्छादित	meghāchchhādit
Regenwolke (f)	घना बादल (m)	ghana bādal
trüb (-er Tag)	बदली	badalī
Regen (m)	बारिश (f)	bārish
Es regnet	बारिश हो रही है	bārish ho rahī hai
regnerisch (-er Tag)	बरसाती	barasātī
nieseln (vi)	बूंदाबांदी होना	būndābāndī hona
strömender Regen (m)	मूसलधार बारिश (f)	mūsaladhār bārish
Regenschauer (m)	मूसलधार बारिश (f)	mūsaladhār bārish
stark (-er Regen)	भारी	bhārī
Pfütze (f)	पोखर (m)	pokhar
nass werden (vi)	भीगना	bhīgana
Nebel (m)	कुहरा (m)	kuhara
neblig (-er Tag)	कुहरेदार	kuharedār
Schnee (m)	बर्फ़ (f)	barf
Es schneit	बर्फ़ पड़ रही है	barf par rahī hai

134. Unwetter Naturkatastrophen

Gewitter (n)	गरजवाला तुफ़ान (m)	garajavāla tufān
Blitz (m)	बिजली (m)	bijalī
blitzen (vi)	चमकना	chamakana
Donner (m)	गरज (m)	garaj
donnern (vi)	बादल गरजना	bādal garajana
Es donnert	बादल गरज रहा है	bādal garaj raha hai
Hagel (m)	ओला (m)	ola
Es hagelt	ओले पड़ रहे हैं	ole par rahe hain
überfluten (vt)	बाढ़ आ जाना	bārh ā jāna
Überschwemmung (f)	बाढ़ (f)	bārh
Erdbeben (n)	भूकंप (m)	bhūkamp
Erschütterung (f)	झटका (m)	jhataka
Epizentrum (n)	अधिकेंद्र (m)	adhikendr
Ausbruch (m)	उद्गार (m)	udgār
Lava (f)	लावा (m)	lāva
Wirbelsturm (m)	बवंडर (m)	bavandar
Tornado (m)	टोर्नेडो (m)	tornedo
Taifun (m)	रतूफ़ान (m)	ratūfān
Orkan (m)	समुद्री तूफ़ान (m)	samudrī tūfān
Sturm (m)	तुफ़ान (m)	tufān
Tsunami (m)	सुनामी (f)	sunāmī
Zyklon (m)	चक्रवात (m)	chakravāt
Unwetter (n)	ख़राब मौसम (m)	kharāb mausam
Brand (m)	आग (f)	āg
Katastrophe (f)	प्रलय (m)	pralay
Meteorit (m)	उल्का पिंड (m)	ulka pind
Lawine (f)	हिमस्खलन (m)	himaskhalan
Schneelawine (f)	हिमस्खलन (m)	himaskhalan
Schneegestöber (n)	बर्फ़ का तुफ़ान (m)	barf ka tufān
Schneesturm (m)	बर्फ़ीला तुफ़ान (m)	barfila tufān

Fauna

135. Säugetiere. Raubtiere

Raubtier (n)	परभक्षी (m)	parabhakshī
Tiger (m)	बाघ (m)	bāgh
Löwe (m)	शेर (m)	sher
Wolf (m)	भेड़िया (m)	bheriya
Fuchs (m)	लोमड़ी (f)	lomri
Jaguar (m)	जागुआर (m)	jāguār
Leopard (m)	तेंदुआ (m)	tendua
Gepard (m)	चीता (m)	chīta
Panther (m)	काला तेंदुआ (m)	kāla tendua
Puma (m)	पहाड़ी बिलाव (m)	pahādī bilāv
Schneeleopard (m)	हिम तेंदुआ (m)	him tendua
Luchs (m)	वन बिलाव (m)	van bilāv
Kojote (m)	कोयोट (m)	koyot
Schakal (m)	गीदड़ (m)	gīdar
Hyäne (f)	लकड़बग्घा (m)	lakarabaggha

136. Tiere in freier Wildbahn

Tier (n)	जानवर (m)	jānavar
Bestie (f)	जानवर (m)	jānavar
Eichhörnchen (n)	गिलहरी (f)	gilaharī
Igel (m)	कांटा-चूहा (m)	kānta-chūha
Hase (m)	खरगोश (m)	kharagosh
Kaninchen (n)	खरगोश (m)	kharagosh
Dachs (m)	बिज्जू (m)	bijjū
Waschbär (m)	रैकून (m)	raikūn
Hamster (m)	हैम्स्टर (m)	haimstar
Murmeltier (n)	मारमोट (m)	māramot
Maulwurf (m)	छछूंदर (m)	chhachhūndar
Maus (f)	चूहा (m)	chūha
Ratte (f)	घूस (m)	ghūs
Fledermaus (f)	चमगादड़ (m)	chamagādar
Hermelin (n)	नेवला (m)	nevala
Zobel (m)	सेबल (m)	sebal
Marder (m)	मारटेन (m)	māraten
Wiesel (n)	नेवला (m)	nevala
Nerz (m)	मिंक (m)	mink

Biber (m)	ऊदबिलाव (m)	ūdabilāv
Fischotter (m)	ऊदबिलाव (m)	ūdabilāv
Pferd (n)	घोड़ा (m)	ghora
Elch (m)	मूस (m)	mūs
Hirsch (m)	हिरण (m)	hiran
Kamel (n)	ऊंट (m)	ūnt
Bison (m)	बाइसन (m)	baisan
Wisent (m)	जंगली बैल (m)	jangalī bail
Büffel (m)	भैंस (m)	bhains
Zebra (n)	ज़ेबरा (m)	zebara
Antilope (f)	मृग (f)	mrg
Reh (n)	मृगनी (f)	mrgnī
Damhirsch (m)	चीतल (m)	chītal
Gämse (f)	शैमी (f)	shaimī
Wildschwein (n)	जंगली सुअर (m)	jangalī suār
Wal (m)	ह्वेल (f)	hvel
Seehund (m)	सील (m)	sīl
Walroß (n)	वॉलरस (m)	volaras
Seebär (m)	फर सील (f)	far sīl
Delfin (m)	डॉलफ़िन (f)	dolafin
Bär (m)	रीछ (m)	rīchh
Eisbär (m)	सफ़ेद रीछ (m)	safed rīchh
Panda (m)	पांडा (m)	pānda
Affe (m)	बंदर (m)	bandar
Schimpanse (m)	वनमानुष (m)	vanamānush
Orang-Utan (m)	वनमानुष (m)	vanamānush
Gorilla (m)	गोरिला (m)	gorila
Makak (m)	अफ़्रीकन लंगूर (m)	afrikan langūr
Gibbon (m)	गिब्बन (m)	gibban
Elefant (m)	हाथी (m)	hāthī
Nashorn (n)	गैंडा (m)	gainda
Giraffe (f)	जिराफ़ (m)	jirāf
Flusspferd (n)	दरियाई घोड़ा (m)	dariyaī ghora
Känguru (n)	कंगारू (m)	kangārū
Koala (m)	कोआला (m)	koāla
Manguste (f)	नेवला (m)	nevala
Chinchilla (n)	चिनचीला (f)	chinachīla
Stinktier (n)	स्कंक (m)	skank
Stachelschwein (n)	शल्यक (f)	shalyak

137. Haustiere

Katze (f)	बिल्ली (f)	billī
Kater (m)	बिल्ला (m)	billa
Hund (m)	कुत्ता (m)	kutta

Pferd (n)	घोड़ा (m)	ghora
Hengst (m)	घोड़ा (m)	ghora
Stute (f)	घोड़ी (f)	ghorī
Kuh (f)	गाय (f)	gāy
Stier (m)	बैल (m)	bail
Ochse (m)	बैल (m)	bail
Schaf (n)	भेड़ (f)	bher
Widder (m)	भेड़ा (m)	bhera
Ziege (f)	बकरी (f)	bakarī
Ziegenbock (m)	बकरा (m)	bakara
Esel (m)	गधा (m)	gadha
Maultier (n)	खच्चर (m)	khachchar
Schwein (n)	सुअर (m)	suar
Ferkel (n)	घेंटा (m)	ghenta
Kaninchen (n)	खरगोश (m)	kharagosh
Huhn (n)	मुर्गी (f)	murgī
Hahn (m)	मुर्गा (m)	murga
Ente (f)	बतख़ (f)	battakh
Enterich (m)	नर बतख़ (m)	nar battakh
Gans (f)	हंस (m)	hans
Puter (m)	नर टर्की (m)	nar tarkī
Pute (f)	टर्की (f)	tarkī
Haustiere (pl)	घरेलू पशु (m pl)	gharelū pashu
zahm	पालतू	pālatū
zähmen (vt)	पालतू बनाना	pālatū banāna
züchten (vt)	पालना	pālana
Farm (f)	खेत (m)	khet
Geflügel (n)	मुर्गी पालन (f)	murgī pālan
Vieh (n)	मवेशी (m)	maveshī
Herde (f)	पशु समूह (m)	pashu samūh
Pferdestall (m)	अस्तबल (m)	astabal
Schweinestall (m)	सूअरखाना (m)	sūarakhāna
Kuhstall (m)	गोशाला (f)	goshāla
Kaninchenstall (m)	खरगोश का दरबा (m)	kharagosh ka daraba
Hühnerstall (m)	मुर्गीखाना (m)	murgīkhāna

138. Vögel

Vogel (m)	चिड़िया (f)	chiriya
Taube (f)	कबूतर (m)	kabūtar
Spatz (m)	गौरैया (f)	gauraiya
Meise (f)	टिटरी (f)	titarī
Elster (f)	नीलकण्ठ पक्षी (f)	nīlakanth pakshī
Rabe (m)	काला कौआ (m)	kāla kaua

Krähe (f)	कौआ (m)	kaua
Dohle (f)	कौआ (m)	kaua
Saatkrähe (f)	कौआ (m)	kaua
Ente (f)	बत्तख़ (f)	battakh
Gans (f)	हंस (m)	hans
Fasan (m)	तीतर (m)	tītar
Adler (m)	चील (f)	chīl
Habicht (m)	बाज़ (m)	bāz
Falke (m)	बाज़ (m)	bāz
Greif (m)	गिद्ध (m)	giddh
Kondor (m)	कान्डोर (m)	kondor
Schwan (m)	राजहंस (m)	rājahans
Kranich (m)	सारस (m)	sāras
Storch (m)	लकलक (m)	lakalak
Papagei (m)	तोता (m)	tota
Kolibri (m)	हमिंग बर्ड (f)	haming bard
Pfau (m)	मोर (m)	mor
Strauß (m)	शुतुरमुर्ग (m)	shuturamurg
Reiher (m)	बगुला (m)	bagula
Flamingo (m)	फ़्लेमिन्गो (m)	flemingo
Pelikan (m)	हवासिल (m)	havāsil
Nachtigall (f)	बुलबुल (m)	bulabul
Schwalbe (f)	अबाबील (f)	abābīl
Drossel (f)	मुखव्रण (f)	mukhavran
Singdrossel (f)	मुखव्रण (f)	mukhavran
Amsel (f)	ब्लैकबर्ड (m)	blaikabard
Segler (m)	बतासी (f)	batāsī
Lerche (f)	भरत (m)	bharat
Wachtel (f)	वर्तक (m)	varttak
Specht (m)	कठफोड़ा (m)	kathafora
Kuckuck (m)	कोयल (f)	koyal
Eule (f)	उल्लू (m)	ullū
Uhu (m)	गरुड़ उल्लू (m)	garūr ullū
Auerhahn (m)	तीतर (m)	tītar
Birkhahn (m)	काला तीतर (m)	kāla tītar
Rebhuhn (n)	चकोर (m)	chakor
Star (m)	तिलिया (f)	tiliya
Kanarienvogel (m)	कनारी (f)	kanārī
Haselhuhn (n)	पिंगल तीतर (m)	pingal tītar
Buchfink (m)	फ़िंच (m)	finch
Gimpel (m)	बुलफ़िंच (m)	bulafinch
Möwe (f)	गंगा-चिल्ली (f)	ganga-chillī
Albatros (m)	अल्बात्रोस (m)	albātros
Pinguin (m)	पेंगुइन (m)	penguin

139. Fische. Meerestiere

Brachse (f)	ब्रीम (f)	brīm
Karpfen (m)	कार्प (f)	kārp
Barsch (m)	पर्च (f)	parch
Wels (m)	कैटफ़िश (f)	kaitafish
Hecht (m)	पाइक (f)	paik
Lachs (m)	सैल्मन (f)	sailman
Stör (m)	स्टर्जन (f)	starjan
Hering (m)	हेरिंग (f)	hering
atlantische Lachs (m)	अटलांटिक सैल्मन (f)	atalāntik sailman
Makrele (f)	माक्रैल (f)	mākrail
Scholle (f)	फ़्लैटफ़िश (f)	flaitafish
Zander (m)	पाइक पर्च (f)	paik parch
Dorsch (m)	कॉड (f)	kod
Tunfisch (m)	टूना (f)	tūna
Forelle (f)	ट्राउट (f)	traut
Aal (m)	सर्पमीन (f)	sarpamīn
Zitterrochen (m)	विद्युत शंकुश (f)	vidyut shankush
Muräne (f)	मोरे सर्पमीन (f)	more sarpamīn
Piranha (m)	पिरान्हा (f)	pirānha
Hai (m)	शार्क (f)	shārk
Delfin (m)	डॉलफ़िन (f)	dolafin
Wal (m)	ह्वेल (f)	hvel
Krabbe (f)	केकड़ा (m)	kekara
Meduse (f)	जेली फ़िश (f)	jelī fish
Krake (m)	आक्टोपस (m)	āktopas
Seestern (m)	स्टार फ़िश (f)	stār fish
Seeigel (m)	जलसाही (f)	jalasāhī
Seepferdchen (n)	समुद्री घोड़ा (m)	samudrī ghora
Auster (f)	कस्तूरा (m)	kastūra
Garnele (f)	झींगा (f)	jhīnga
Hummer (m)	लॉब्सटर (m)	lobsatar
Languste (f)	स्पाइनी लॉब्सटर (m)	spainī lobsatar

140. Amphibien Reptilien

Schlange (f)	सर्प (m)	sarp
Gift-, giftig	विषैला	vishaila
Viper (f)	वाइपर (m)	vaipar
Kobra (f)	नाग (m)	nāg
Python (m)	अजगर (m)	ajagar
Boa (f)	अजगर (m)	ajagar
Ringelnatter (f)	साँप (f)	sānp

Klapperschlange (f)	रैटल सर्प (m)	raital sarp
Anakonda (f)	एनाकोन्डा (f)	enākonda
Eidechse (f)	छिपकली (f)	chhipakalī
Leguan (m)	इग्युएना (m)	igyūena
Waran (m)	मॉनिटर छिपकली (f)	monitar chhipakalī
Salamander (m)	सैलामैंडर (m)	sailāmaindar
Chamäleon (n)	गिरगिट (m)	giragit
Skorpion (m)	वृश्चिक (m)	vrshchik
Schildkröte (f)	कछुआ (m)	kachhua
Frosch (m)	गेंढक (m)	mendhak
Kröte (f)	भेक (m)	bhek
Krokodil (n)	मगर (m)	magar

141. Insekten

Insekt (n)	कीट (m)	kīt
Schmetterling (m)	तितली (f)	titalī
Ameise (f)	चींटी (f)	chīntī
Fliege (f)	मक्खी (f)	makkhī
Mücke (f)	मच्छर (m)	machchhar
Käfer (m)	भृंग (m)	bhrng
Wespe (f)	हड्डा (m)	hadda
Biene (f)	मधुमक्खी (f)	madhumakkhī
Hummel (f)	भंवरा (m)	bhanvara
Bremse (f)	गोमक्खी (f)	gomakkhī
Spinne (f)	मकड़ी (f)	makarī
Spinnennetz (n)	मकड़ी का जाल (m)	makarī ka jāl
Libelle (f)	व्याध-पतंग (m)	vyādh-patang
Grashüpfer (m)	टिड्डा (m)	tidda
Schmetterling (m)	पतंगा (m)	patanga
Schabe (f)	तिलचट्टा (m)	tilachatta
Zecke (f)	जुँआ (m)	juna
Floh (m)	पिस्सू (m)	pissū
Kriebelmücke (f)	भुनगा (m)	bhunaga
Heuschrecke (f)	टिड्डी (f)	tiddī
Schnecke (f)	घोंघा (m)	ghongha
Heimchen (n)	झींगुर (m)	jhīngur
Leuchtkäfer (m)	जुगनू (m)	juganū
Marienkäfer (m)	सोनपंखी (f)	sonapankhī
Maikäfer (m)	कोकचाफ़ (m)	kokachāf
Blutegel (m)	जोंक (m)	jok
Raupe (f)	इल्ली (f)	illī
Wurm (m)	केंचुआ (m)	kenchua
Larve (f)	कीटडिंभ (m)	kītadimbh

Flora

142. Bäume

Baum (m)	पेड़ (m)	per
Laub-	पर्णपाती	parnapātī
Nadel-	शंकुधर	shankudhar
immergrün	सदाबहार	sadābahār

Apfelbaum (m)	सेब वृक्ष (m)	seb vrksh
Birnbaum (m)	नाशपाती का पेड़ (m)	nāshpātī ka per
Kirschbaum (m)	चेरी का पेड़ (f)	cherī ka per
Pflaumenbaum (m)	आलूबुख़ारे का पेड़ (m)	ālūbukhāre ka per

Birke (f)	सनोबर का पेड़ (m)	sanobar ka per
Eiche (f)	बलूत (m)	balūt
Linde (f)	लिनडेन वृक्ष (m)	linaden vrksh
Espe (f)	आस्पेन वृक्ष (m)	āspen vrksh
Ahorn (m)	मेपल (m)	mepal

Fichte (f)	फर का पेड़ (m)	far ka per
Kiefer (f)	देवदार (m)	devadār
Lärche (f)	लार्च (m)	lārch
Tanne (f)	फर (m)	far
Zeder (f)	देवदर (m)	devadar
Pappel (f)	पोप्लर वृक्ष (m)	poplar vrksh
Vogelbeerbaum (m)	रोवाण (m)	rovān
Weide (f)	विलो (f)	vilo
Erle (f)	आल्डर वृक्ष (m)	āldar vrksh

Buche (f)	बीच (m)	bīch
Ulme (f)	एल्म वृक्ष (m)	elm vrksh
Esche (f)	एश-वृक्ष (m)	esh-vrksh
Kastanie (f)	चेस्टनट (m)	chestanat

Magnolie (f)	मैगनोलिया (f)	maiganoliya
Palme (f)	ताड़ का पेड़ (m)	tār ka per
Zypresse (f)	सरो (m)	saro

Mangrovenbaum (m)	मैनग्रोव (m)	mainagrov
Baobab (m)	गोरक्षी (m)	gorakshī
Eukalyptus (m)	यूकेलिप्टस (m)	yūkeliptas
Mammutbaum (m)	सेकोइया (f)	sekoiya

143. Büsche

| Strauch (m) | झाड़ी (f) | jhārī |
| Gebüsch (n) | झाड़ी (f) | jhārī |

Weinstock (m)	अंगूर की बेल (f)	angūr kī bel
Weinberg (m)	अंगूर का बाग़ (m)	angūr ka bāg
Himbeerstrauch (m)	रास्पबेरी की झाड़ी (f)	rāspaberī kī jhārī
rote Johannisbeere (f)	लाल करेंट की झाड़ी (f)	lāl karent kī jhārī
Stachelbeerstrauch (m)	गूज़बेरी की झाड़ी (f)	gūzaberī kī jhārī
Akazie (f)	ऐकेशिय (m)	aikeshiy
Berberitze (f)	बारबेरी झाड़ी (f)	bāraberī jhārī
Jasmin (m)	चमेली (f)	chamelī
Wacholder (m)	जूनिपर (m)	jūnipar
Rosenstrauch (m)	गुलाब की झाड़ी (f)	gulāb kī jhārī
Heckenrose (f)	जंगली गुलाब (m)	jangalī gulāb

144. Obst. Beeren

Frucht (f)	फल (m)	fal
Früchte (pl)	फल (m pl)	fal
Apfel (m)	सेब (m)	seb
Birne (f)	नाशपाती (f)	nāshpātī
Pflaume (f)	आलूबुख़ारा (m)	ālūbukhāra
Erdbeere (f)	स्ट्रॉबेरी (f)	stroberī
Kirsche (f)	चेरी (f)	cherī
Weintrauben (pl)	अंगूर (m)	angūr
Himbeere (f)	रास्पबेरी (f)	rāspaberī
schwarze Johannisbeere (f)	काली करेंट (f)	kālī karent
rote Johannisbeere (f)	लाल करेंट (f)	lāl karent
Stachelbeere (f)	गूज़बेरी (f)	gūzaberī
Moosbeere (f)	क्रेनबेरी (f)	krenaberī
Apfelsine (f)	संतरा (m)	santara
Mandarine (f)	नारंगी (f)	nārangī
Ananas (f)	अनानास (m)	anānās
Banane (f)	केला (m)	kela
Dattel (f)	ख़जूर (m)	khajūr
Zitrone (f)	नींबू (m)	nīmbū
Aprikose (f)	ख़ूबानी (f)	khūbānī
Pfirsich (m)	आड़ू (m)	ārū
Kiwi (f)	चीकू (m)	chīkū
Grapefruit (f)	ग्रेपफ्रूट (m)	grepafrūt
Beere (f)	बेरी (f)	berī
Beeren (pl)	बेरियां (f pl)	beriyān
Preiselbeere (f)	काओबेरी (f)	kaoberī
Walderdbeere (f)	जंगली स्ट्रॉबेरी (f)	jangalī stroberī
Heidelbeere (f)	बिलबेरी (f)	bilaberī

145. Blumen. Pflanzen

Blume (f)	फूल (m)	fūl
Blumenstrauß (m)	गुलदस्ता (m)	guladasta
Rose (f)	गुलाब (f)	gulāb
Tulpe (f)	ट्यूलिप (m)	tyūlip
Nelke (f)	गुलनार (m)	gulanār
Gladiole (f)	ग्लेडियोलस (m)	glediyolas
Kornblume (f)	नीलकूपी (m)	nīlakūpī
Glockenblume (f)	ब्लूबेल (m)	blūbel
Löwenzahn (m)	कुकरौंधा (m)	kukaraundha
Kamille (f)	कैमोमाइल (m)	kaimomail
Aloe (f)	मुसब्बर (m)	musabbar
Kaktus (m)	कैक्टस (m)	kaiktas
Gummibaum (m)	रबड़ का पौधा (m)	rabar ka paudha
Lilie (f)	कुमुदिनी (f)	kumudinī
Geranie (f)	जेरेनियम (m)	jeraniyam
Hyazinthe (f)	हायसिंथ (m)	hāyasinth
Mimose (f)	मिमोसा (m)	mimosa
Narzisse (f)	नरगिस (f)	naragis
Kapuzinerkresse (f)	नस्टाशयम (m)	nastāshayam
Orchidee (f)	आर्किड (m)	ārkid
Pfingstrose (f)	पियोनी (m)	piyonī
Veilchen (n)	वॉयलेट (m)	voyalet
Stiefmütterchen (n)	पैंज़ी (m pl)	painzī
Vergissmeinnicht (n)	फर्गेंट मी नाट (m)	fargent mī nāt
Gänseblümchen (n)	गुलबहार (f)	gulabahār
Mohn (m)	खशखाश (m)	khashakhāsh
Hanf (m)	भांग (f)	bhāng
Minze (f)	पुदीना (m)	pudīna
Maiglöckchen (n)	कामुदिनी (f)	kāmudinī
Schneeglöckchen (n)	सफ़ेद फूल (m)	safed fūl
Brennnessel (f)	बिच्छू बूटी (f)	bichchhū būtī
Sauerampfer (m)	सोरेल (m)	sorel
Seerose (f)	कुमुदिनी (f)	kumudinī
Farn (m)	फर्न (m)	farn
Flechte (f)	शैवाक (m)	shaivāk
Gewächshaus (n)	शीशाघर (m)	shīshāghar
Rasen (m)	घास का मैदान (m)	ghās ka maidān
Blumenbeet (n)	फुलवारी (f)	fulavārī
Pflanze (f)	पौधा (m)	paudha
Gras (n)	घास (f)	ghās
Grashalm (m)	तिनका (m)	tinaka

Blatt (n)	पत्ती (f)	pattī
Blütenblatt (n)	पंखड़ी (f)	pankharī
Stiel (m)	डंडी (f)	dandī
Knolle (f)	कंद (m)	kand
Jungpflanze (f)	अंकुर (m)	ankur
Dorn (m)	काँटा (m)	kānta
blühen (vi)	खिलना	khilana
welken (vi)	मुरझाना	murajhāna
Geruch (m)	बू (m)	bū
abschneiden (vt)	काटना	kātana
pflücken (vt)	तोड़ना	torana

146. Getreide, Körner

Getreide (n)	दाना (m)	dāna
Getreidepflanzen (pl)	अनाज की फ़सलें (m pl)	anāj kī fasalen
Ähre (f)	बाल (f)	bāl
Weizen (m)	गेहूँ (m)	gehūn
Roggen (m)	रई (f)	raī
Hafer (m)	जई (f)	jaī
Hirse (f)	बाजरा (m)	bājara
Gerste (f)	जौ (m)	jau
Mais (m)	मक्का (m)	makka
Reis (m)	चावल (m)	chāval
Buchweizen (m)	मोथी (m)	mothī
Erbse (f)	मटर (m)	matar
weiße Bohne (f)	राजमा (f)	rājama
Sojabohne (f)	सोया (m)	soya
Linse (f)	दाल (m)	dāl
Bohnen (pl)	फली (f pl)	falī

LÄNDER. NATIONALITÄTEN

147. Westeuropa

| Europa (n) | यूरोप (m) | yūrop |
| Europäische Union (f) | यूरोपीय संघ (m) | yūropīy sangh |

Österreich	ऑस्ट्रिया (m)	ostriya
Großbritannien	ग्रेट ब्रिटेन (m)	gret briten
England	इंग्लैंड (m)	inglaind
Belgien	बेल्जियम (m)	beljiyam
Deutschland	जर्मन (m)	jarman

Niederlande (f)	नीदरलैंड्स (m)	nīdaralainds
Holland (n)	हॉलैंड (m)	holaind
Griechenland	ग्रीस (m)	grīs
Dänemark	डेन्मार्क (m)	denmārk
Irland	आयरलैंड (m)	āyaralaind
Island	आयसलैंड (m)	āyasalaind

Spanien	स्पेन (m)	spen
Italien	इटली (m)	italī
Zypern	साइप्रस (m)	saipras
Malta	माल्टा (m)	mālta

Norwegen	नार्वे (m)	nārve
Portugal	पुर्तगाल (m)	purtagāl
Finnland	फ़िनलैंड (m)	finalaind
Frankreich	फ्रांस (m)	frāns

Schweden	स्वीडन (m)	svīdan
Schweiz (f)	स्विट्ज़रलैंड (m)	svitzaralaind
Schottland	स्कॉटलैंड (m)	skotalaind

Vatikan (m)	वेटिकन (m)	vetikan
Liechtenstein	लिकटेंस्टीन (m)	likatenstīn
Luxemburg	लक्ज़मबर्ग (m)	lakzamabarg
Monaco	मोनाको (m)	monāko

148. Mittel- und Osteuropa

Albanien	अल्बानिया (m)	albāniya
Bulgarien	बुल्गारिया (m)	bulgāriya
Ungarn	हंगरी (m)	hangarī
Lettland	लाटविया (m)	lātaviya

| Litauen | लिथुआनिया (m) | lithuāniya |
| Polen | पोलैंड (m) | polaind |

Rumänien	रोमानिया (m)	romāniya
Serbien	सर्बिया (m)	sarbiya
Slowakei (f)	स्लोवाकिया (m)	slovākiya
Kroatien	क्रोएशिया (m)	kroeshiya
Tschechien	चेक गणतंत्र (m)	chek ganatantr
Estland	एस्तोनिया (m)	estoniya
Bosnien und Herzegowina	बोस्निया और हर्ज़ेगोविना	bosniya aur harzegovina
Makedonien	मेसेडोनिया (m)	mesedoniya
Slowenien	स्लोवेनिया (m)	sloveniya
Montenegro	मोंटेनेग्रो (m)	montenegro

149. Frühere UdSSR Republiken

Aserbaidschan	आज़रबाइजान (m)	āzarabaijān
Armenien	आर्मीनिया (m)	ārmīniya
Weißrussland	बेलारूस (m)	belārūs
Georgien	जॉर्जिया (m)	jorjiya
Kasachstan	कज़ाकस्तान (m)	kazākastān
Kirgisien	किर्गीज़िया (m)	kirgīziya
Moldawien	मोलदोवा (m)	moladova
Russland	रूस (m)	rūs
Ukraine (f)	यूक्रेन (m)	yūkren
Tadschikistan	ताजिकिस्तान (m)	tājikistān
Turkmenistan	तुर्कमानिस्तान (m)	turkamānistān
Usbekistan	उज़्बेकिस्तान (m)	uzbekistān

150. Asien

Asien	एशिया (f)	eshiya
Vietnam	वियतनाम (m)	viyatanām
Indien	भारत (m)	bhārat
Israel	इस्रायल (m)	isrāyal
China	चीन (m)	chīn
Libanon (m)	लेबनान (m)	lebanān
Mongolei (f)	मंगोलिया (m)	mangoliya
Malaysia	मलेशिया (m)	maleshiya
Pakistan	पाकिस्तान (m)	pākistān
Saudi-Arabien	सऊदी अरब (m)	saūdī arab
Thailand	थाईलैंड (m)	thaīlaind
Taiwan	ताइवान (m)	taivān
Türkei (f)	तुर्की (m)	turkī
Japan	जापान (m)	jāpān
Afghanistan	अफ़ग़ानिस्तान (m)	afagānistān
Bangladesch	बांग्लादेश (m)	bānglādesh

Indonesien	इण्डोनेशिया (m)	indoneshiya
Jordanien	जॉर्डन (m)	jordan
Irak	इराक़ (m)	irāq
Iran	इरान (m)	irān
Kambodscha	कम्बोडिया (m)	kambodiya
Kuwait	कुवैत (m)	kuvait
Laos	लाओस (m)	laos
Myanmar	म्यांमर (m)	myāmmar
Nepal	नेपाल (m)	nepāl
Vereinigten Arabischen Emirate	संयुक्त अरब अमीरात (m)	sanyukt arab amīrāt
Syrien	सीरिया (m)	sīriya
Palästina	फिलिस्तीन (m)	filistīn
Südkorea	दक्षिण कोरिया (m)	dakshin koriya
Nordkorea	उत्तर कोरिया (m)	uttar koriya

151. Nordamerika

Die Vereinigten Staaten	संयुक्त राज्य अमरीका (m)	sanyukt rājy amarīka
Kanada	कनाडा (m)	kanāda
Mexiko	मेक्सिको (m)	meksiko

152. Mittel- und Südamerika

Argentinien	अर्जेंटीना (m)	arjentīna
Brasilien	ब्राज़ील (m)	brāzīl
Kolumbien	कोलम्बिया (m)	kolambiya
Kuba	क्यूबा (m)	kyūba
Chile	चिली (m)	chilī
Bolivien	बोलीविया (m)	bolīviya
Venezuela	वेनेज़ुएला (m)	venezuela
Paraguay	पराग्आ (m)	parāgua
Peru	पेरू (m)	perū
Suriname	सूरीनाम (m)	sūrīnām
Uruguay	उरुग्वे (m)	urugve
Ecuador	इक्वेडोर (m)	ikvedor
Die Bahamas	बहामा (m)	bahāma
Haiti	हाइटी (m)	haitī
Dominikanische Republik	डोमिनिकन रिपब्लिक (m)	dominikan ripablik
Panama	पनामा (m)	panāma
Jamaika	जमैका (m)	jamaika

153. Afrika

Ägypten	मिस्र (m)	misr
Marokko	मोरक्को (m)	morakko
Tunesien	ट्युनीसिया (m)	tyunīsiya
Ghana	घाना (m)	ghāna
Sansibar	ज़ैंज़िबार (m)	zainzibār
Kenia	केन्या (m)	kenya
Libyen	लीबिया (m)	lībiya
Madagaskar	मडागास्कर (m)	madāgāskār
Namibia	नामीबिया (m)	nāmībiya
Senegal	सेनेगाल (m)	senegāl
Tansania	तंज़ानिया (m)	tanzāniya
Republik Südafrika	दक्षिण अफ्रीका (m)	dakshin afrīka

154. Australien. Ozeanien

Australien	आस्ट्रेलिया (m)	āstreliya
Neuseeland	न्यू ज़ीलैंड (m)	nyū zīlaind
Tasmanien	तास्मानिया (m)	tāsmāniya
Französisch-Polynesien	फ्रेंच पॉलीनेशिया (m)	french polīneshiya

155. Städte

Amsterdam	एम्स्टर्डैम (m)	emstardam
Ankara	अंकारा (m)	ankāra
Athen	एथेन्स (m)	ethens
Bagdad	बगदाद (m)	bagadād
Bangkok	बैंकॉक (m)	bainkok
Barcelona	बार्सिलोना (m)	bārsilona
Beirut	बेरूत (m)	berūt
Berlin	बर्लिन (m)	barlin
Bombay	मुम्बई (m)	mumbī
Bonn	बॉन (m)	bon
Bordeaux	बोर्दो (m)	bordo
Bratislava	ब्राटीस्लावा (m)	brātīslāva
Brüssel	ब्रसेल्स (m)	brasels
Budapest	बुडापेस्ट (m)	budāpest
Bukarest	बुखारेस्ट (m)	bukhārest
Chicago	शिकागो (m)	shikāgo
Daressalam	दार-एस-सलाम (m)	dār-es-salām
Delhi	दिल्ली (f)	dillī
Den Haag	हेग (m)	heg
Dubai	दुबई (m)	dubī
Dublin	डब्लिन (m)	dablin

Düsseldorf	डसेलडोर्फ़ (m)	daseladorf
Florenz	फ़्लोरेंस (m)	florens
Frankfurt	फ़्रैंकफ़र्ट (m)	frainkfart
Genf	जेनेवा (m)	jeneva

Hamburg	हैम्बर्ग (m)	haimbarg
Hanoi	हनोई (m)	hanoī
Havanna	हवाना (m)	havāna
Helsinki	हेलसिंकी (m)	helasinkī
Hiroshima	हिरोशीमा (m)	hiroshīma
Hongkong	हांगकांग (m)	hāngakāng
Istanbul	इस्तांबुल (m)	istāmbul
Jerusalem	यरूशलम (m)	yarūshalam

Kairo	काहिरा (m)	kāhira
Kalkutta	कोलकाता (m)	kolakāta
Kiew	कीव (m)	kīv
Kopenhagen	कोपनहेगन (m)	kopanahegan
Kuala Lumpur	कुआला लुम्पुर (m)	kuāla lumpur

Lissabon	लिस्बन (m)	lisban
London	लंदन (m)	landan
Los Angeles	लॉस एंजेलेस (m)	los enjeles
Lyon	लिओन (m)	lion

Madrid	मेड्रिड (m)	medrid
Marseille	मासेल (m)	mārsel
Mexiko-Stadt	मेक्सिको सिटी (f)	meksiko sitī
Miami	मियामी (m)	miyāmī
Montreal	मांट्रियल (m)	māntriyal
Moskau	मॉस्को (m)	mosko
München	म्यूनिख़ (m)	myūnikh

Nairobi	नैरोबी (m)	nairobī
Neapel	नेपल्स (m)	nepals
New York	न्यू यॉर्क (m)	nyū york
Nizza	नीस (m)	nīs
Oslo	ओस्लो (m)	oslo
Ottawa	ओटावा (m)	otāva

Paris	पेरिस (m)	peris
Peking	बीजिंग (m)	bījing
Prag	प्राग (m)	prāg
Rio de Janeiro	रिओ डे जैनेरो (m)	rio de jainero
Rom	रोम (m)	rom

Sankt Petersburg	सेंट पीटरस्बर्ग (m)	sent pītarasbarg
Schanghai	शंघाई (m)	shanghaī
Seoul	सियोल (m)	siyol
Singapur	सिंगापुर (m)	singāpur
Stockholm	स्टॉकहोम (m)	stokahom
Sydney	सिडनी (m)	sidanī

Taipeh	ताइपे (m)	taipe
Tokio	टोकियो (m)	tokiyo
Toronto	टोरोन्टो (m)	toronto

Venedig	वीनिस (m)	vīnis
Warschau	वॉरसों (m)	voraso
Washington	वॉशिंग्टन (m)	voshingtan
Wien	विएना (m)	viena

www.ingramcontent.com/pod-product-compliance
Lightning Source LLC
Chambersburg PA
CBHW070605050426
42450CB00011B/2995